재일코리안의 삶과 문화 ①

'다양한 삶의 기록' 편

재일코리안의 삶과 문화 ① '다양한 삶의 기록' 편

초판 1쇄 발행 2015년 11월 30일

엮은이 ｜ 정희선 김인덕 성주현 황익구 동선희
펴낸이 ｜ 윤관백
펴낸곳 ｜ 🅺도서출판선인

등 록 ｜ 제5-77호(1998.11.4)
주 소 ｜ 서울시 마포구 마포동 324-1 곳마루 B/D 1층
전 화 ｜ 02)718-6252/6257
팩 스 ｜ 02)718-6253
E-mail ｜ sunin72@chol.com

정가 18,000원

ISBN 978-89-5933-942-6 94900
ISBN 978-89-5933-941-9 (세트)

청암대학교 재일코리안연구소
재일코리안 구술자료총서 1

재일코리안의 삶과 문화 ①

'다양한 삶의 기록' 편

정희선 · 김인덕 · 성주현 · 황익구 · 동선희

 도서출판 선인

책을 내면서

한국학중앙연구원 한국학진흥사업단의 지원을 받아 2011년 12월부터 시작된 5년간의 학술프로젝트, 『재일코리안 100년』이 시작된 것이 바로 엊그제 같은데, 벌써 4년차가 훌쩍 지났습니다. 한국 연구자 7명, 일본 연구자 5명이 비록 국적과 연구 공간은 다르지만 많은 기대를 가지고 한 가족처럼 연구를 개시하였습니다. 최근 한일간의 어려운 여건도 없지 않았지만 이를 극복하고 유기적인 연구를 수행하여 적지 않은 연구 성과를 축적하였습니다. 그리고 4년차를 맞아 그동안 준비한 구술자료집 『재일코리안의 삶과 문화』를 간행하게 되었습니다.

본 구술자료집은 '재일코리안 디아스포라 100년－새로운 '재일코리안상(像)'의 정립－'의 2차년도 사업의 하나인 자료집을 간행하기 위한 작업의 일환으로 진행되었습니다. 구술 주제는 2차년도 사업의 주제인 '재일코리안의 생활문화와 변동'에 맞추어 개인의 삶에 초점을 맞춘 '다양한 삶의 기록', 민족교육 등 재일코리안 교육에 헌신한 '교육과 학술', 그리고 재일코리안의 예술과 문화 활동을 중심으로 한 '문화와 예술'로 정하였습니다.

구술자료집 초기 기획은 재일코리안이 가장 많은 지역인 간사이지역(關西地域)을 중심으로 재일코리안 1세대인 올드커머와 뉴커머를 대상으로 12명을 예상하였습니다. 그러나 구술의 다양화를 도모한다는 전제하에 구술 지역과 대상자를 폭넓게 하자는 의견에 따라 좀 더 다양한 재일코리안의 삶과 문화를 살펴보기 위해 기존 코리안타운이 형성된 간사이지역(關西地域)뿐만 아니라 간토지역(關東地域)까지 구술지역의 범위를 확대하기로 하였습니다. 그리고 구술 대상자도 가능하면 25명 내외로 확대하였습니다. 그리고 최종적으로는 24명의 재일코리안의 삶을 담았습니다.

본 구술자료집의 구성은 앞서 언급한 바와 같이 '다양한 삶의 기록', '교육과 학술', '문화와 예술'을 주제로 3권으로 되었습니다. 비록 각권마다 구술의 주제는 다르지만 재일코리안의 역사와 문화, 그리고 삶의 향기가 느껴지는 내용이라고 할 수 있습니다. 이렇게 책으로 묶여진 구술자료집이 재일코리안을 이해하는데 조금이라도 도움이 되기를 기대해 봅니다.

재일코리안연구소는 청암대학교 교책연구소입니다. 연구소에서는 재일코리안과 관련된 자료집과 저서, 번역서 발간 등 재일코리안 관련 사업을 다각도로 추진하고 있습니다. 연구소는 앞으로도 지속적인 관심을 가지고 재일코리안의 삶을 담을 수 있는 구술자료집 이외에도 문헌자료집, 사진자료집을 간행할 계획입니다.

이 구술자료집은 재일코리안 연구를 시작하면서 진행되어 만 4년 만에 햇빛을 보게 되었습니다. 무엇보다도 바쁘시고 어려운 여건에서도 본 구술에 참여해주신 분께 진심으로 감사의 인사를 드립니다. 더욱이 요즘 같이 일본의 안보법안 통과와 일제강점기 위안부 문제 등으로 한일 관계가 원만하지 않은 상황에서도 기꺼이 구술에 참여해주신데 대해 다시 한 번 감사드립니다. 그동안 구술과 녹음 풀기, 교정과 교열을 맡아 함께 한 성주현, 황익구 전임연구원에게 감사를 드립니다. 또한 전체적으로 구술자료집이 나오기까지 총괄한 공동연구원이며 본 연구소 부소장 김인덕 교수에게도 감사드립니다. 그리고 지금은 함께 하고 있지 않지만 초기부터 구술 작업을 하였던 전 동선희 전임 연구원의 노고에도 감사의 인사를 전합니다.

그리고 저희 연구소와 이 프로젝트에 관심과 격려를 보내 주신 우리 청암대학교 강명운 총장님을 비롯해 여러 분들께 감사를 드립니다. 본 연구 성과물을 비롯하여 문헌자료집, 재일코리안사전 등 저희 연구소의 대부분의 간행물을 출판해 주시는 도서출판 선인 윤관백 사장님과 편집실 여러분께도 인사를 올립니다.

앞으로 우리 사회가 재일코리안 문제에 좀 더 관심을 갖고 일본에 사는 동포들과 마음으로 소통하게 되었으면 좋겠습니다. 이 책이 그러한 관심에 부응하는 학술적인 성과로 남았으면 합니다.

2015년 11월
청암대학교 재일코리안연구소 소장 정희선

목 차

재일코리안의 삶과 문화 ① – '다양한 삶의 기록' 편

해 제

    본 구술자료는 '재일코리안 디아스포라 100년－새로운 '재일코리안 상(像)'의 정립－'의 2차년도 사업의 하나인 자료집을 간행하기 위한 작업의 일환으로 진행되었다.

    본 구술자료는 초기 기획은 재일코리안이 가장 많은 지역인 간사이 지역(關西地域)을 중심으로 재일코리안 1세대인 올드커머와 2, 3세대인 뉴커머를 대상으로 하고자 하였다. 그리고 구술대상자는 12명을 예상하였다. 이에 구술작업은 본 사업의 시작과 함께 진행되었다. 그러나 구술의 다양화를 도모한다는 전제하에 구술 지역과 대상자를 폭넓게 하자는 의견에 대두되었다. 이에 어려운 여건에서도 좀 더 다양한 재일코리안의 삶과 문화를 살펴보기 위해 기존 코리안타운이 형성된 간사이지역뿐만 아니라 간토지역(關東地域)까지 구술지역의 범위를 확대하기로 하였다. 그리고 구술 대상자도 가능하면 25명 내외로 확대하기로 하였다.

    이에 따라 구술할 대상자를 선정하기 위해 여러 차례 기획회의를 개최하는 한편 재일대한민국민단 등을 통해 추천을 의뢰하기도 하였다. 구술 주제는 2차년도 사업의 주제인 '재일코리안의 생활문화와 변용'에 맞추어 개인의 삶에 초점을 맞춘 '다양한 삶의 기록', 민족교육 등 재일코리안 교육에 헌신한 '교육과 학술', 그리고 재일코리안의 예술과 문화 활동을 중심으로 한 '문화와 예술'로 정하였다. 이에 따라 본 연구소에서 진행한 구술 작업은 다음과 같다.

본 구술작업은 모두 여섯 차례 이루어졌는데, 다음과 같다. 이 중 네 차례는 일본 현지에서, 그리고 두 번은 국내에서 진행되었다. 여섯 차례의 구술작업을 통해 총 25명에 대한 구술을 마칠 수 있었다.

■ 1차 구술작업

기간 : 2012년 4월 5일부터 8일(4박5일)

장소 : 간사이지역

구술대상자 : 전성림 외

구술자 : 정희선, 김인덕, 동선희

촬영 및 녹음 : 성주현

■ 2차 구술작업

기간 : 2012년 7월 4일부터 8일(4박5일)

장소 : 간사이지역

구술대상자 : 전성림

구술자 : 동선희

■ 3차 구술작업

기간 : 2013년 2월 22일부터 26일 (4박5일)

장소 : 간사이지역

구술대상자 : 김성재 외

구술자 : 정희선, 김인덕, 동선희

촬영 및 녹음 : 성주현

■ 4차 구술작업

기간 : 2013년 4월 4일부터 7일까지(3박4일)

장소 : 간토지역

구술대상자 : 오영석 외

구술자 : 정희선, 김인덕, 동선희

촬영 및 녹음 : 성주현

■ 5차 구술작업

기간 : 2013년 5월 12일

장소 : 순천

구술대상자 : 하정웅

구술자 : 정희선, 김인덕, 동선희

촬영 및 녹음 : 성주현

■ 6차 구술작업

기간 : 2013년 8월 6일

장소 : 순천

구술대상자 : 김인숙 외

구술자 : 동선희

촬영 및 녹음 : 성주현

본 구술자료는 총 25명의 구술대상자 중 22명의 구술을 정리한 것이다. 현재까지 정리한 구술을 주제별로 정리하면 다음과 같다.

■ 재일코리안의 삶과 문화 – '다양한 삶의 기록' 편

(1) 이동쾌 : '히가시오사카 사랑방'의 90세 할머니

(2) 전성림 : 독립운동가의 아들로서 살아온 삶

(3) 우부웅 : 바둑으로 일군 한일·남북교류

(4) 김성재 : 김밥과 눈물로 쓴 쓰루하시(鶴橋)의 삶

(5) 오영석 : 김치로 도쿄를 디자인한 뚝심

(6) 박양기 : 한국 문화를 전파하는 고려무역 재팬

(7) 하귀명 : 민단 부인회에 바친 열정

'히가시오사카 사랑방'의 90세 할머니

- 이름 : 이동쾌
- 구술일자 : 2013년 2월 25일
- 구술장소 : 히가시오사카 사랑방(히가시오사카시 소재)
- 구술시가 : 1시가
- 구술면담자 : 정회선, 김인덕, 동선희
- 촬영 및 녹음 : 성주현

■ 이동쾌

1923년 경주에서 태어나 열여섯 살 때인 1938년 일본 오사카에 와서 가족과 함께 살았다. 결혼해서 5남 3녀를 두고, 남편이 작은 공장을 운영하다 43세에 세상을 떠난 뒤에는 혼자 자식들을 키웠다. 현재 딸들은 오사카 근방에서 살고 있고 아들 중 한 명은 센다이에 거주하며 큰 사업을 하고 있다고 한다. 현재 몸이 불편한 상태로 노인들을 위한 데이케어서비스센터인 '히가시오사카 사랑방'에서 보호를 받고 있다.

■ 인터뷰에 관해

히가시오사카시의 데이케어서비스센터, '히가시오사카 사랑방'을 방문하여 사랑방 측의 소개를 받아 인터뷰를 진행했다. 이동쾌 할머니는 거동이 불편하여 1주일에 3, 4일씩 번갈아가며 자택과 사랑방 바로 옆에 있는 숙소에서 주무시고 있다. 관계자의 설명에 따르면, '히가시오사카 사랑방'은 2001년 개설되었다. 2000년 일본에서 국민의료보험에 기초한 개호(介護)제도가 정비된 것이 계기가 되었다. '히가시오사카 사랑방'은 재일 1세의 특수성을 아는 재일사회가 나서서 스스로 재일 1세의 케어를 맡아야 한다는 생각에서 출발하여, 준비기간을 거쳐 1세 할머니들의 데이케어 서비스를 2006년부터 시작했다. 본인 부담과 국가 지원으로 운영되고 있고, 현재 등록된 할머니는 45명이다. 직원 수는 파트타임을 포함하여 18명이다. 원래 '히가시오사카 사랑방'의 뿌리는 '우리서당'이라는 '재일' 모임이다. '우리서당'은 1993년에 출범했고, 우리말과 일본어, 역사, 정세 등에 관해 공부하는 모임으로 현재까지 지속되고 있다.

■ 구술 내용

도일 이후의 삶에 관해

Q : 여기서 계시는 거 재미있으세요?

A : 재미있습니다. 근데 인제 내가 구십입니다. 갈 데도 없고 여기 사
는 사람들이 다 멀어가. 세상 버려 버리고, 동무가 없어서 여기 와
가지고, 점심 먹고 그리고 놀고, 그래서 네 시 반 되면 집에 갑니
다. 그래서 집에 있으면 아무 낙이 없어서 심심해서 못 있어요. 그
래서 여기 오면 재미가 있습니다. 점심 딱 해주고 집에까지 데려
다주고. 제 말 알아듣겠습니까?

Q : 네, 말씀 잘 하시네요.

A : 근데 여기는 전부 제주 사람이예요.

Q : 제주도 사람이 많은가 봐요.

A : 제주도 말은 잘, 우리도 못 알아들어요. 제주 사람이 많고 경상도
사람 얼마 안 돼.

Q : 할머니는 경상도 분이세요?

A : 네 경상북도 경주. 그래 무엇을 질문 하실랍니까?

Q : 그러면은 일본에 언제 오셨어요?

A : 온지가… 음… 인제, 자꾸 잊어버려서 인제 이름도 알았는데 작년
까진 안 그랬는데 올해는 자꾸 잊어버려요. 1922년인가? 자꾸 잊
어버려서… 작년까진 안 잊어버렸는데 올해는 잊어버려요. 구십
이 되니까 잊어버려요.

Q : 몇 살 때 오셨어요?

A : 여기 오기는 열여섯 살에.

Q : 열여섯 살? 그러면은 1938년 정도겠네요.

A : 네.

Q : 오셔가지고 맨 처음에 일하셨어요?

A : 일 안했습니다.

이동쾌 할머니

Q : 누구랑 오셨습니까?

A : 부모하고요. 부모하고 와서 처음 오니 아무 친구도 없고 친척도 없고 참 고향에 가고 싶어도 갈 수 없고 세월이 이만치 흘렀어요. 일본 온 지가 한 70년?

Q : 1938년이면 74년 되셨네요.

A : 네, 74년이 됐어요. 그런데 우리말도 변변치 못하고 일본말도 변변치 못하고 학교도 안 가고 그래서, 이 말도 잘 못하고 저 말도 잘 못하고 지금 현재 그렇습니다.

Q : 여기서 좀 글자를 가르쳐줍니까? 여기 오면?

A : 글자? 아 글자는 나는 못 가르치고, 뭐 지 보는 거는 보고… 하지만 가르치고 그런 것은 못해요. 여기 올적에 열여섯 살인데, 한참 저쪽에서 배울라 할 적에 와서 그것도 못 배우고 저 것도 못 배우고 아무것도 못 배웠어요.

Q : 오셔서 부모님은 무슨 일을 하셨어요?

A : 일은… 우리 부모님이 공장에도 안 보내 주고… 일은 저 호로(琺
瑯)공장¹⁾이라고 있었어. 호로공장이라 하면 잘 모르시는가 모르
지만, 이런 그릇 같은 거 이런 거 말고 쇠로 만들어서 겉에다가 씌
우는 걸 발라 가지고 호로라고 있어요. 그 공장에 한 서너 달 다
니다가 말아버렸어요. 그리고 공장 안 다녔어요. 우리 아버지가
안 보내 주세요.

Q : 그런데 아버지는 일을 하셨지요?

A : 네 아버지가 일본 와서, 여기서 일본에서 일도 하시고 우리 모두
가족을 전부 다 불러서 전부 다 일본으로 왔어요.

가족들에 관해

Q : 그러면은 동생 있으세요?

A : 동생이… 넷인가 다섯인가… 넷인갑다. 동생이 넷이라요. 할머니
도 계셨고 아버지도 계셨고 어머니도 계셨고 그렇게 있었어요. 근
데 나는 영 말하는 것이 영 틀리가 내 소개도 안하고… 말하는 게
안 틀렸습니까.

Q : 아니요. 안 틀렸습니다. 동생이 넷이 있었다면 여자동생인가요?
남자동생?

A : 여자동생이 너이 있었어요. 너이 있고 남자동생은 있었는데 죽고
없어요. 지금.

---

1) 법랑그릇을 만드는 공장을 말한다.

Q : 여동생은 다 여기 계세요?

A : 여동생이 없어요. 한국에 가 있어요.

네 둘째 동생은 작년에 재작년에 세상 배리고 셋째 동생이 부산, 막내 동생은 딸하고 저 서울에 있고, 그래서 없습니다. 서울에는 우리 친척도 많이 있고… 예 많이 있습니다.

Q : 여기서 가까운데서 사세요? 지금 집이요.

A : 집이요? 여기서 안 가깝습니다. 차를 타면 구루마를 타면 한 20분? 20분 가면 집에 갑니다.

Q : 네 혹시 일요일 날에는 교회나 절이나 이런 데도 다니시나요?

A : 교회는 안 나갑니다. 안 나가지만 교회는 좋아하는데 우리 동생들은 다, 아니 우리 딸들은 다 교회를 나갑니다. 딸이 둘이나 교회로 나가고, 근데 나는 그거를 믿고 있지만 안 나갑니다. 다리도 아프고…

Q : 아드님과 따님이 몇 분이세요?

A : 아, 내가요? 내가 팔남매요. 아들이 다섯이고 딸이 셋.

그렇게 낳아 놓으면 다 잘 커요. 잘 커서 모두 다 일을 하고 있습니다.

Q : 그렇게 많이 기르시느라고 남편분이 무슨 일 하셨어요?

A : 남편이 일을 집에서 사업이라 할 건 없고, 조그만한 집에서 일로 좀 한 그게 많이 커져서, 우리 남편은 한 42년 전에 세상 떠나버리고, 아이들하고 내하고 그 사업을 해서 아들 데리고 일을 해서, 둘이 일을 했는데 이제 큰 사업이 됐어요.

Q : 혹시 그게 무슨 사업이예요?
A : 하는 게 전부 이런 거(가전제품을 가리키며).

Q : 이런 거 만들어요?
A : 네 이런 거 만들고 전부 가정에 쓰는 거 큰 거, 테레비 그런 거
    전부 만들어내요.

Q : 아, 전기? 전기제품?
A : 네 전기제품, 큰 사업이 되었어요. 지금 중국에도 하고 미국에도
    하고 전부 그래하고 있어요. 아이리스, 아이리스라 하면 모르는
    사람이 없습니다. 한국에 거기도 회사가 있어 아이리스. 경기도,
    경기도 거기도 있고 그래 있습니다. 그래 갈라 해도 가도 못해요.
    나이가 많아 나이 90입니다.

이동쾌 구술자가 생활하는 사랑방 모습

Q : 그런데 고우세요. 얼굴이 고우세요.

A : 곱도 안 합니다. 다리가 아파서 우리 한국에는 작년 재작년에 갔다 왔는데, 한 번 더 갈까 생각했더만 인제 못 가요. 다리가 아프고 못갑니다.

Q : 아드님이 큰 사업을 하시나요?

A : 큰 사업을 하고 있습니다. 일본 전국에 전부 회사가 다 있고 저 아메리카니 외국에도 전부 다 있어요.

Q : 수출을 하세요?

A : 수출을 하는 것이 아니라 거기서 만들어서 갖고 옵니다. 가지고 와 가지고 한국을 가 와가지고 일본으로 가 와가 한국에도 큰 공장을 하고 있어요. 한국에도. 참 반갑습니다. 만나니 반갑습니다.

Q : 그러면은 그 지금 아들하고 같이 사세요?

A : 같이 못 삽니다. 다들 사업에 따라서, 아들은 사업을 회사가 커서 본사가 돼. 거기 본사에 있고 또 여기저기 있으니까 그래 있고, 나를 오라고 하는데 못갑니다. 근데 인자 살던 집이 근 50년이나 70년이나 살던 집을 내버리고 갈 수가 없어요. 죽어도 그 집 옆에서 죽고… 그래서 아들이 오라고 하지만 못 갑니다.

Q : 여기 사랑방에 다니신 게 언제부터 다니셨어요?

A : 사랑방에 댕긴 것이… 한 15, 6년 됐습니다.[2]

---

[2] '히가시오사카 사랑방'의 데이케어서비스는 7년 전부터 시작되었으므로 이동쾌 할머니가 15, 6년 전부터라고 한 말씀은 '우리서당'에서 진행하는 프로그램에 참여하기 시작한 것을 포함한다고 생각된다.

Q : 네 그러면은 아들이 사업을 크게 하시니까 생활은 넉넉하시잖아요. 근데 여기 오시는 할머니들 중에는 어려우신 분들도 계시죠?
A : 아, 있어요. 많이 기부도 합니다. 네 여기는 역시 노인들이 하니까 노인들이 돈이 부족 안 합니까. 근데 우리 아들도 많이 기부도 합니다.

해방 직후 동포들의 삶
Q : 그렇군요. 좋은 일 하셔야죠 동포들을 위해서 좋은 일 하시는 거네요.
A : 돈 벌어 가지고 이제 기부도 많이 합니다. 여기저기 여기뿐아니라 딴 데도 많이 합니다.

Q : 옛날에 동포들이 일본 와 가지고 아주 어렵게 살았죠?
A : 어렵게 살았어요. 우리가 해방 나고 해방 난 때가? 해방 나고 많이 참 곤란했습니다. 먹을 것도 없고 일도 없고 우리도 고생 많이 했습니다. 그리고 엿도 하고 술도 하고 쇠장사도 하고 오만 장사를 다 했어요. 그래서 안 죽고 그래 모두 살았어요. 참 어려웠습니다.

Q : 쇠장사는 어떤 겁니까?
A : 쇠장사는, 쇠는 쇠 아닙니까? 쇠 있으면 일본서 그거 했지요. 전쟁했지요. 전쟁하는 전선에 쇠가 막 부서지고 그러는데, 쇠 그것을 주워서 우리 한국 육이오사변 전쟁 나 가지고 전쟁하는데 또 쇠가 많이 귀했어요. 그래가 여기 쇠로 가지고 가서 막 또 한국에서 그거를 해 가지고, 우리 일본에는 한국 사람이 그런 거 잘해요. 쇠를 가지고 가서 인제 또 전쟁 총 만들고 그런 거 만들어가지고, 그래서 많이 안 했습니까.

Q : 예… 힘드셨지요.

A : 우리 일본 사는 게 이렇습니다. 그래요. 뭐 요새는 나이 구십이 되
니까 아는 것도 다 잊어버리고 말을 하다가도 잊어버리고 다 잊어
버려요. 근데 작년부터? 작년부터 이래 되었어요. 그전에는 안 이
랬는데 작년부터 다 잊어버리고, 주소도 잊어버리고 전화번호도
잊어버리고 잊어버리면 생각을 해도 잘 안 생각해요. 그래서 뭐…

Q : 그런데 여덟 명이나 되는 아들 딸을 모두 학교에 보내셨잖아요.
얼마나 힘드셨어요?

A : 학교 보내도 다 벼슬 있는 학교를 했어요. 우리 큰아들은 저 고등
4학년하고, 둘째도 그거 하고, 셋째는 대학 가고, 또 인자 넷째는
대학가고, 대학가 가지고 그 무엇입니까? 이제 이야기할라 하면
말이 안 나옵니다. 그래서 그 기술… 그거 하다가 뭔 과학? 과학
을 또 하다가 불이 나 가지고 전신에 막 다
데었어요. 그런 수도 있었어요. 그런 것을 병
원에서 다 나았어요. 지금은 그리 흠이 없지
만 그냥 놔두면 흠이 있어서 못 보게 되는데,
그것을 전부 다 씻어내서 다 씻어 줘야 되요.
죽을 지경이라요. 불에 데어서 물에 졸졸졸졸
나는데 그래 물에 씻어내고 그래 가지고. 그
런데 가가 박사래요. 과학박사라. 그래 다 하
고 있고 대학은 너이 보내고 너이는 못 보냈
어요. 다 그래도 보냈습니다.

사랑방 우리서당

Q : 그래서 제사 때는 다 모입니까?

A : 아 마 이때꺼정 제사 때도 다 모이고 그리 했

는데, 이제 사업이 좀 크고 자꾸 늘어나니까 자꾸 멀리로 가는 기라. 그라니께 못 올 때도 있고 올 때도 있고, 다 모입니다. 전부 다 모입니다.

Q : 딸은 어떻습니까? 근처에 있는 딸도 있습니까? 근처에, 가까이 있는 딸도 있습니까?
A : 딸은 시집 가 가지고. 가까이 있습니다. 한 시간 구루마 타면 한 시간 내 살고 있고, 아들은 비행기 타고 한국 구경 갈만치 그런데 있어요. 저 센다이(仙台)에.

Q : 센다이 멀지요?
A : 거기서 인제 사업이 크게 지어가 거기서 살고 있고, 뭐 일본 전국에 전부 다 회사가 있어요. 그런데 인제 한국 한 번 더 갈라 했더니만 더 가도 못하고.

요즘의 생활
Q : 여기서 김치라던가 이런 것들 매일 드십니까?
A : 김치? 김치는 못 담아먹죠. 근데 인제 나이 많으니까 김치도 안 먹어져요. 안 먹어지고 전에는 다 김치 먹고 안 살았는교. 그지만 요새는 김치도 많이 못 먹게 되요. 맵고 짜고 그래서 김치도 많이 못 먹어요. 근데 전에만치 김치 모두 그리 안 먹어요. 전에는 김치 많이 먹었는데.

Q : 여기 계신 분들도? 그냥 조금씩 드세요?
A : 조금씩 먹어요. 많이 안 먹어요. 전에와는 다릅니다. 생활 하는 게. 한국에도 안 그렇습니까?

Q : 예, 전에 보다는 조금 덜 먹죠. 아침에는 그러면 빵 드세요?

A : 아침에는 이제 뭐 빵. 빵하고 요새는 여러 가지 뭐 이렇게 안 되어
있습니까. 뭐 가지가지 뭐 부어 먹는 것도 있고 여러 가지 안 되
어 있습니까. 그런 거 먹고 빵 먹고 뭐 그런 거 먹고… 밥 먹는 것
보다 나아요. 김치 짜고 그런 거는 우린 못 먹겠어, 인자. 젊을 때
는 많이 먹었는데, 지금은 와 그런가 안 멕히고, 맵고 짜고 그래서
잘 안 먹어요.

Q : 여기서 점심은 어떤 게 나와요?

A : 점심은 잘 나옵니다. 일반 우리 먹는 음식. 야채하고 고기도 나와
도 조그마씩 나오고 전에는 많이 나오고 그래 지금은 많이 안 먹
으니까 조그마씩 나오고 고기도 소고기도… 이제 소고기 많이 나
와요. 그리고 소고기 그 옆에 돼지고기… 요새는 반찬이 여러 가
지 안 있습니까? 그런 거 나오고 우리는 그래도 그런 음식, 예전에
먹던 음식, 야채 같은 거.

Q : 나물?

A : 나물. 나물 같은 거나 국물 같은 거나 먹고 고기도 쪼매 밖에 안
먹고 그래 많이 안 먹어요. 그래 많이 안 먹습니다. 영 전에 하고
는 생활 하는 게 달라졌습니다. 전에는 빵도 잘 안 먹었는데, 요새
는 아침에 밥 먹는 것보다 빵 먹는 게 좋아요. 먹기 좋고 먹고 나
면 편하고 그렇습니다.

Q : 노래도 하시나요? 여기서? 노래도 하세요?

A : 여기서 뭐 노래? 노래 안 해요.

Q : 노래는 안 하세요?

A : 노래? 노래 부를 줄도 모르고 우리 이 나이에 노래 부르고 그라면,
그 시대는 우리 노래 부르고 놀고 그런 거는 없었어요. 없기 때문
에, 노래 간간히 한 번씩 부르면 수요일에, 수요일이 노래 부르는
날인데 부르면 하루 종일 노래, 아리랑이나 아리랑 그거나 부르고
그럽니다.

Q : 도라지?

A : 도라지. 그것도 하도 들어 싸니까네 듣기도 싫고, 마 하면 아리랑
이나 부를까, 노래들이 그래 안 부릅니다. 그래 나이가 나이이만
큼 노래가 어디 나옵니까. 인자 멀리서 인터뷰 들으실라고 그래
오셨습니까?

Q : 옛날에 어떻게 사셨는지 조금 듣고 싶어서 그래서 왔습니다.

A : 옛날에 사는 거는 고생이 많았습니다. 고생이 많고 그래 여기 제
주사람이 많이 옵니다. 우리 육지 사람은 잘 안 옵니다. 전부 제주
사람이야 제주사람이 참 뭐든 열심히 해요. 제주 사람이 많이 오
지 우리 육지 사람은 잘 안와요.

Q : 집에서 이렇게 공장을 시작하셨네요? 집에서 공장을 시작하셔서
그래서 큰 회사가 됐잖아요.

A : 네. 공장을 해 봐도 공장이라 해도 조그매하다가 그게 차차차차
아이들이 커가지고 크게 됐지 큰 공장입니다. 크게 하고 있습니
다.

Q : 큰 공장에 가보셨어요?

A : 갔지요. 미국에도 있고, 중국에도 있고 여기 일본 전국에 다 있고, 외국에 전부 다 있고 지금 그래 있습니다. 크게 있습니다. 서울에 도 있어요. 서울에도 있어요. 아이리스 공장이라고 크게…

Q : 돌아가신 남편분이 기뻐하시겠어요.
A : 네 기뻐하리라 생각합니다. 아아들이 밑에 조그마한 거를 유치원 에 보내려고 하는 그 해에 사십 셋에 돌아가셨어요. 그래서 뭐 삶 이 큰 고생이지요. 큰 고생 아들이 다 커가지고 그거를 다 댕기고, 사업은 큰 사업을 하고 있어요. 아들이 많다 보니까네, 딸은 다 시 집 가 가지고 그대로 살고 마 그런 거는…

Q : 그러면은 남편 사진 매일 보세요?
A : 사진? 매일은 안 봐요. 사진 보면 살아옵니까? 보는 기지. 일일이 그거를 오래된 께 잊어버려요. 처음에는 참 기가 차고 그렇더만 은, 이제 오래되니까 잊어버릴 수도 있고. 사진은 매일 보죠. 있으 니까 매일 보지만… 일본에 언제 왔어요?

Q : 21일 날 와서 모레 갑니다.
A : 그렇습니까? 오신 김에 여기 좀 구경이나 하고 그래 가지시요. 한 국하고 일본이 가깝다 하지만은 외국은 외국이고 딴 나라니 그리 쉽게 올 수가 있습니까. 오신 김에 놀다 그리 가이소. 놀다가 요새 는 눈이 어찌 오는지, 눈이 많이 와 눈이 너무 많이 와 싸서, 갈 데도 못 가고. 한국에도 춥지요.

Q : 한국이 더 춥지요.
A : 그렇지요? 여기도 참 춥습니다. 그래 마 이것이 인제 내 방이 아

니라 여기 오면 내가 손이 다 아파 가지고 아무것도 못해요. 손가락이 이리 뼈가 막 아파요. 뼈가 아파서 그래 집은 다른데 있어요. 있고 여기 와가지고 아무 것도 못해요. 집에 있으면 사람이 내한테 따라야 되요. 여기는 가다가… 이 내 말 알아 듣겠습니까?

Q : 예.

A : 알아 들었어요? 그래요? 우리는 제주 말 절대 못 알아들어서요. 근데 왜 여기서 휙 하고 자빠질 때도 있고. 그라면 자빠지면, 애가 뭐 있다 해봐도 뿌러지면 큰일이라. 그런단 말이야, 근데 사람이 따라야 되는데 따를 사람이 없어서 집에 사람이 없으면, 여 와가지고 자고 밥 먹고, 집에 사람이 있으면 가 가지고 집에 가 자고… 그래 아침, 저녁에 나를 실어다 주고 실어 오고 그래 합니다.

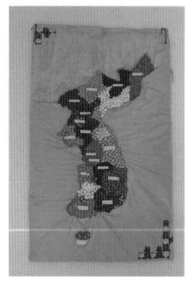

이동쾌 구술자 방에 걸려있는 한반도와 호랑이 자수

Q : 여기서 주무세요?

A : 여기서 자요. 여기 우리말로도 사랑방이지. 노인들 여기 와서 놀고 자고 그래. 나는 방을 하나 얻어가지고 여기 자고 그래 인자 저녁 때 되면 가는 날은 가고 있는 날은 그냥 자고, 아들이 잊어버려. 집에 있으면 사람들이 없습니다. 여기 사람을 댈라 해도 사람이 없어요. 지금은 집에 사람을 서이 달고 있습니다. 밥해 먹는 사람 있지 청소하는 사람 있지. 그래 인자 뭐 물건 사는 사람도 있지. 그럼 나는 집에 가면 내 뒤에 또 사람이 따라야 돼. 사람이 그리 없습니다. 사람이 없기 때문에 이 집을 얻어가지고 여기 와 가서 자고, 인자 여기서 밥 먹고 자고 그라면 저 아이들, 즈그도 마음을 놓고. 그래서 여기 있어요. 여기 일주일에 세 번 정도 자는가, 3박 할 때고 있고 4박 할 때고 있고, 그래 하고 있습니다.

히가시오사카 사랑방에 관해

Q : 여기 계신 선생님들이 참 친절하죠? 사랑방에 계시는 분들이 친절하죠?

A : 네 사람들이 다 좋습니다.

Q : 젊은 사람도 있고요?

A : 젊은 사람은 밥하는 사람.

Q : 노는 사람? 놀아주시는 분도 계시지요?

A : 우리들 인자 돌봐주는 사람. 밥하면 밥하고 청소하고 변소가면 변소 데려가야 돼고. 그냥 못 놔 두죠. 여기는 자빠지면 안 되거든요. 그런 게 절대적으로 해줍니다. 그런 게 여기 있으면 만사를 다 놓고 그래 있어요. 그래 있고 뭐 저 밥 때 되면 그 시간에 밥 딱

먹고 또 목욕하고 참 편합니다. 여기는 이래가지고 나도 혼자 누워 자고 그렇습니다.

Q : 연세가 제일 많으신 분이 몇 살이세요?

A : 제일 많은 분이 구십… 일곱 살. 구십 일곱 살 먹은 할머니.

Q : 제일 나이가 적은 분은요?

A : 나이 적은 분은 나이 적으면 여기 못 와요. 그러니까 한 칠십이나 칠십이 넘어야 되요. 근데 성한 사람은 여기 못 와요. 걸음도 못 걷고 내 일도 못하고 그런 사람이 오지, 성한 사람은 못 들어와요. 걸음도 못 걷고 그런 사람이 자기 일을 잘 못하고 걸어도 남을 붙들고 이런 사람 오지, 성한 사람 못 옵니다. 왜 그라냐 하면, 지 맘대로 오는 것도 아니고 시에서 보내주기 때문에 못 옵니다.

Q : 일요일에는?

A : 일요일에는 다 놉니다. 일요일은 전부 다 놀고… 인제 그러니까 일요일 아닌 날은 전부 다 그날은 오고, 일요일은 전부 다 놀고… 그라면 그날도 뭐, 말로 하다가 바로 잊어버렸어.
우리 집이 아니다 보니께 남의 집입니다. 여기서 저녁에 자고 아침에 일어나고 참 편합니다. 그런데 여기서 지발로 걸어 다니고 싶었는데, 이제는 자빠질라 해서 그게 겁이 나서. 자빠지면 고마 뼈가 부러지니까 그라면 못 일어나면 큰일이라고, 절대로 아이들이 못 걷게 합니다. 그래서 여기서 자고 그러고 앉아서, 그러니까 네 낮에 네 시 반까정 네 시까정 여기 있어요. 네 시 되면 집에 데려다 주고요.

독립운동가의 아들로서 살아온 삶

- 이름 : 전성림, 김광남
- 구술일자 : 2012년 4월 5일, 동년 4월 8일, 동년 7월 4일, 2013년 2월 24일
- 구술장소 : 고베시 산노미야역(三宮驛) 근방 세이덴(靑電)빌딩 전성림 사무실
- 구술시간 : 5시간
- 구술면담자 : 동선희(2012년 4월 5일, 4월 8일, 7월 4일, 2013년 2월 24일)
- 촬영 및 녹음 : 성주현(2012년 4월 5일), 박경민(2012년 7월 4일)

■ 전성림(全成林)

1925년 10월 3일 충북 청원군 북일면(北一面) 구성리(九城里)에서 태어났다. 부친은 해방 전 고베지역을 중심으로 노동운동을 전개하여 옥고를 치른 바 있는 전해건(全海建)이다. 12세 때인 1937년 4월, 어머니, 여동생과 함께 고베시로 이주하여 부친과 함께 살게 되었다. 해방 직후 건국청년동맹에 관여했으나 계속되는 동포 간 대립에 염증을 느끼면서 그만두었고, 간세가쿠인대학(關西學院大學)에 진학했다. 해방 후에는 평화통일운동과 한시(漢詩) 시작(詩作)에 몰두하는 부친을 대신하여 일찍부터 7인 가족의 생계를 책임졌다. 1954년에는 전기회사인 청전사(靑電社)를 설립, 운영하고 1986년에는 유한공사 청전흥산으로 개편했다. 사진 찍기가 취미이며 개인사진전을 수차례 개최했다. 1992년 한일자연사진가회를 설립하고 회장에 취임하여 양국에서 '사진문화교류전'을 개최하는 등 한일 간 사진 교류에 힘써 왔다.

■ 김광남(金光男)

오사카에서 태어난 재일 2세이다. 민단효고현지방본부에서 사무국장을 지내던 2000년대 초, 『民団兵庫55年の步み』(2003)의 출간 책임을 맡았으며 이때 전성림 선생으로부터 큰 도움을 받았다. 전해건 선생이 독립운동유공자로 인정받도록 하기 위해 수년간 힘써 왔다.

■ 인터뷰에 관해

이 인터뷰는 총 네 차례에 걸쳐 전성림 선생의 청전사(靑電社)에서 이루어졌다. 모든 인터뷰에서 전성림 선생과 함께 김광남 씨가 함께했다. 김광남 씨는 전성림 선생과 오랫동안 교유하여 전성림 선생이나 부친 전해건 선생에 관해 많은 것을 알고 있고, 인터뷰가 성사되도록 힘써 주었다. 전성림 선생 말씀이 거의 일본어이고 목소리가 작아서 잘 들리지 않는 부분이 많았으므로 김광남 씨의 도움은 절대적이었다. 인터뷰에서는 전해건, 전성림 선생의 생애에 관해 대부분의 비중을 할애했다.

구술하기에 앞서 서명하는 전성림 선생

■ 구술 내용

일제 말기 부친의 정치적 활동

Q : 부친인 전해건 선생님에 관해 소개를 부탁드립니다.

A(전) : 아버지가 정치운동, 독립운동을 한 것은 물론이지만 문학관
계, 한시로도 훌륭하신 분이예요. 최석의(崔碩義) 선생은 아버지
하고 학교 동무인데, 그분이 생각한 내용을 여기 쓰셨습니다.[1] 이
것은 일본의 옛 시집인 오구라햐쿠닌잇슈(小倉百人一集)[2]를 번역
한 책입니다.

A(김) : 그건 일본의 전통적인 시조인데 그것을 전해건 선생님이 한시
(漢詩)로 옮겼어요. 예전에 젊은 사람들이, 말하자면 200년 전에,
지금으로 말하면 러브 레터(love letter), 서민문화지요.

Q : 감사합니다. 전해건 선생님은 고베에서 노동운동을 하시고 한신
소비조합을 만드는 등 소비조합운동에도 관여하셨지요?

A(전) : 노동운동할 때 일인데요, 유명한 이야기가 있어요. 노다한신
(野田阪神)에 방적공장이 있었습니다. 조선인들이 노동운동할 때
회사측이 말을 안 들으니까 아버지가 굴뚝 위로 올라가서 항의를
했어요. 끌려 내려와서 체포되었죠. 정말 목숨을 걸고 했습니다.
아마가사키(尼崎)에서 노동운동을 지도했는데 거기서는 협화회의
힘이 강했어요.

그리고 베를린올림픽에서 손기정 선수가 금메달을 땄을 때예요.

---

[1] 崔碩義,「在日一世の漢詩人たち」,『재일조선인사연구』41, 2011.

[2] 백인일수(百人一首)란 100명의 가인(歌人)의 와카(和歌)를 1수씩 모은 가집을 말
한다. 오구라햐쿠닌잇슈는 13세기 초 후지와라노 사다이에(藤原定家)가 교토의
오구라야마에서 편찬했다고 알려졌다.

신문에는 히노마루로 나와 있었는데 아버지가 그것을 태극기로 만들어 배포했지요. 그런 일 때문에 경찰이 계속 감시를 했어요. 그러다가 1942년인가, 아버지가 시회의원 입후보를 했지요.

Q : 전해건 선생님은 독립운동 경력이 확실하지만 1942년 고베시회 (神戶市會)에 입후보한 것이 친일행위라고 보훈처에서는 판단했는데요. 전성림 선생님은 어떻게 생각하십니까?

A(전) : 그보다 전에, 1938년 7월 고베에 대수해가 있었습니다. 아버지는 수해로 강이 범람했을 때 어떤 여자 아이가 물에 빠져 흘러내려가는 것을 구해줬어요. 그 이쿠타가와(生田川)[3]라는 하천인데요. 강 상류 쪽에서 아이를 구해서 집에 데려왔다가 부모에게 돌려주었지요.

아버지가 시회의원 입후보를 했을 때, 후보연설회에서 이렇게 말했어요. 전해건은 한 표를 바라고 하는 것이 아니다. 조선 사람이 가난하고 못 사니까 일본인들은 쓰레기 줍기 하는 사람들은 모두 조센징 하면서 아이들 잡아가는 사람이라고 한다고 했어요.

그리고는 수해 때 얘기를 했어요. '나도 조선 사람인데 당신들 애를 살렸다. 그런데 당신들은 쓰레기 줍는 사람이 애들을 잡아간다고 했다. 조선인을 차별하지 말라.' 그런 말을 하면서 연설할 때, 경찰 몇 명이 임석하고 있었는데 민족에 대한 문제는 용서 못한다고 하면서 연설을 못하게 하고, 아버지는 (단상에서) 끌어내려졌지요. 그래서 연설을 더 하지 못했습니다. 경찰은 그렇게 감시를 하거든요. 연설중지, 경찰은 사상문제라며 감시하지요.

시회의원 입후보한 것이 반역자라고 친일이라고 하는데, 그건 아

---

[3] 고베시를 흐르는 강. 신카와(新川)라고도 했다.

니예요. 그건 한국정부의 인식이 낮고, 사실 무지한 거라고. 일본
정부에 협력한 것이 아니다 라는 겁니다. 그 당시는 말이죠. 쇼와
12년, 13년(1937, 1938년) 그 때는 중일전쟁도 일어났고 조선에서
사람들이 끌려왔지요, 조선반도는 기지가 되었고요. 그때 그런 문
제가 컸다.

1942년 아버지가 시회의원선거에 나갔을 때는 그 전의 조선인노
동조합, 소비조합, 종교관계 그런 조직들이 일체 불가능하고 해산
된 상태였습니다. 혹시 5명이라도 모이면 집단이라고 잡아갈 정
도지요. 그런데 시회의원에 입후보했다고 반민족이라니, 그런 것
은 아니예요. 재일동포에 대한 입장이 아직 안 되어 있는 거지요.

Q : 단상에 올라가 연설을 중지 당하는 것은 직접 보셨지요?

A(전) : 연설에서 수해 때 1938년 여자 아이를 구조한 얘기를 했어요.
연단에서 그 얘기를 했어요. '같은 천황의 적자(赤子)라면서 차별
을 한다' 하고… 차별과 경멸이 엄청났으니까.

Q : 전해건 선생님이 많은 감시를 받으셨다고요?

A(전) : 밀고를 당하고 도망을 다니기도 했어요. 경찰, 특고 경찰이 전
해건을 조사하고 잡으려고 했기 때문이지요. 경찰은 누가 무슨 일
을 한다는 것을 늘 알려고 하니까.
현(縣) 바깥으로 나갈 때는 특고경찰에 미리 알리고 허가를 받아
야 했어요. 1945년까지 치안유지법이 있어서…
그때는 협화회가 세력이 강했어요. 그런데 협화회 어떤 사람이 특
고에 전해건을 밀고했어요. 전해건이 어느 날 어떤 집에 올 거다,
그렇게 밀고를 한 거지요.
그것을 동지가 듣고 전해줘서 전해건 선생은 그날 도망을 갔어요.

롯코산(六甲山)으로 도망을 갔는데, 지금 소학교가 있는 자리 위지요. 거기에는 도로를 만들기 위해 함바(飯場)가 아주 많았어요. 그 함바에 몸을 숨기고 1개월간 숨어 있었던 경험이 있습니다. 함바에는 노동자가 많았고, 산 위의 건설현장이라서 거기 숨으면 어떤 경우에도 잘 잡히지 않아요. 함바 외에도 교회 역시 가케코미데라(駆け込み寺, 도망장소) 역할을 해요. 가케코미데라라는 것은 옛날에 나쁜 일 해서 잡으려 할 때 숨는 곳이예요. 우리는 기독교 교회라 하지만 일본 사람들은 가케코미데라라고 하고, 예전에 교회가 없을 때에도 절이 그런 곳이기도 했어요.

마누라가 남편 버리고 이혼하려고 가케코미데라에 갑니다. 가케코미데라에 들어가면, 에도(江戸) 때에도 부부의 인연을 끊을 수가 있었거든요. 여자가요. 남편은 항상 이혼을 할 수가 있었는데 여자가 유일하게 남편하고 헤어지고 싶어지면 가케코미데라에 들어가요.

Q : 실제로 그런 도피처 역할을 한 교회나 목사도 있었나요?

A(전) : 고베에 목사가 있는 교회 1개소 있었습니다. 아버지는 함바에 도망 갔고요. 함바는 여러 군데 있고, 거기서 몇 번 도움을 받았습니다.

Q : 그렇지만 시회의원 출마한 사람들 가운데에는 친일파도 포함되어 있었지요?

A(전) : 친일파가 많았다는 것은 사실입니다. 입후보자 중에 협화회도 있었고, 친일파가 포함되었지요. 같이 입후보한 사람 중에 그 세탁업 하는 사람은 친일파라고 할 수 있지요.

그런데 입후보할 때 돈이 필요해요. 공탁금. 우리 아버지는 10원

짜리 동전 한 푼 못 버는 사람이었어요. 그런데 동지가 돈을 모아
주어서 공탁금을 냈습니다. 후키아이쿠(葺合區) 사람들이 돈을 냈
지요.

나는 그때 중학 2학년이었는데, 선거포스터를 붙이고 다녔습니다.
그렇게 포스터를 붙이는데 방해는 있었지만, 그때 대정익찬회(大
正翼贊會)가 있었습니다. 익찬선거라고 해서 익찬회에서 입후보
자를 추천하는데 아버지는 그 추천을 받지 않았어요. 물론 (대정
익찬회가) 지원을 해 주지도 않았습니다. 특고와 친한 세탁업자가
있었어요. 친일파지요. 후키아이에서 출마했던 것 같은데, 그 사
람은 대정익찬회의 추천을 받았지요.

태평양전쟁이 진행 중인 때예요. 이런 것에 대해 한국에서는 인식
을 못하고 있어요. 이런 연구가 되어서 한국의 행정가의 생각도
바뀌어야 하는데요.

A(김) : 그 당시 시회(市會)는 유일한 합법적인 공간이예요. 그때 일본
이 어떤 상태였나 하는 것을 알 필요가 있어요.

Q : 그런데 해방 후에 협화회나 친일파에 대해 동포들이 어떻게 했나
요?

A(전) : 협화회 사람들이 두드려 맞기도 했지요. 생각나는 것은 나다
구(灘區)라는 곳이 있는데, 스미요시무라(住吉村). 이 스미요시무
라에서 박주범(朴柱範)[4] 씨도 촌회의원을 했는데, 이분은 한신(阪
神) 소비조합 활동을 했어요.

---

[4] 1885~1949. 박주범은 1937년부터 두 차례에 걸쳐 효고현 스미요시무라 촌회의원
을 지냈다. 해방 후에는 조련 효고지부장이 되고 1948년에는 한신(阪神) 교육투
쟁의 지도자로 실형을 받아 복역하다가 병으로 가출옥한 상태에서 1949년 사망
했다.

그런데 박주범 씨가 아니라 스미요시무라의 촌회의원 한 사람이 일본의 특고보다도 조선인을 더 괴롭혔어요. 나도 그 사람을 잡는 데 참가했는데… 그 사람을 잡아서 너는 경찰보다 더하다, 민족반역자라고 때린 일도 있습니다. 그 사람이 살려 달라고 빌었지요. 하지만 조선인은 원래 인정이 두텁지요. 그래서 그 후에는 그냥…

Q : 무코군 스미요시무라에서는 박주범 씨가 촌회의원에 당선되었지요? 시내 쪽은 좀 더 당선이 어려웠지요?
A(전) : 그렇지요.

도일하게 된 계기
Q : 언제, 몇 살 때 일본에 오셨습니까?
A(전) : 12세 때 왔어요. 12세면 어른이고 모심기도 했는데… 구성리5)에서, 구성리는 학교 같은 게 없었지요. 학교가 없으니 공부는 할 수 없었어요.
실제로 나는 6개월 정도는 (어머니) 뱃속에서 일본 오사카에서 있었습니다. 어머니도 일본에 와서 있었는데 출산을 위해서 친정에 돌아간 거지요. 어머니의 친정도 아버지의 마을과 같은 마을입니다.

Q : 선생님은 어릴 때 충청북도에서 사셨네요.
A(전) : 한자를 먼저 배웠지요. 충청북도의 서당에서. 학교는 없었고 하나 있었는데 일본인을 위한 학교이고 친일파 몇 명이 다녔지요. 우리를 위해서는 강습소 같은 것이 있어서 학교는 아니고 학교 비

---

5) 충북 청원군 북일면(北一面)의 한 마을.

숫한 형태였어요. 거기밖에 못 가니까, 마을에서 선배에게 '언문'을 배우기도 했지요.

일본인인데도 '식민지는 나쁘다'면서, 일본에서 쫓겨나 조선을 쭉 방랑하는 사람이 있었어요. 그 사람이 우리 마을에 마침 왔을 때 나는 그 사람에게 일본어를 배웠어요.

그 선생이 청주까지 목욕탕에 가자고 했고요. 당시 우리는 몸 씻는 것은 여름뿐이었어요. 구성리에서 청주는 걸어서 35분 정도 떨어진 곳인데요. 처음 목욕을 하고 깜짝 놀랐어요(웃음). 때가 너무 많아서.

1937년에 일본에 오니까 목욕탕이 많았지요. 당시에는 일본도 더러웠어요. 목욕탕이 많은 것은 습기가 많아서 그렇기도 하고 지방 사람이 도회지에 나와 목욕탕을 하면 돈을 번다고, 호쿠리쿠(北陸) 특히 이시카와현(石川縣) 사람들이 목욕탕을 많이 했지요.

구술하는 전성림 선생(1차)

Q : 12세까지는 어머니와 함께 계신 겁니까?

A(전) : 1937년까지 어머니와 함께 있다가 12세 때 여기에 온 것은 당
시 현지 특고가 전해건 이 사람은 조사해 보니까 처자가 있다, 이
들을 데려오면 전해건이 운동을 하는 것이 불가능할 것이라고 했
어요. 그래서 강제적으로 어머니하고 나, 여동생 둘, 그러니까 장
녀와 차녀 해서 넷을 데려오게 된 거예요.

Q : 아버님이 운동을 못하게 하려고 가족들이 일본으로 온 거네요.

A(전) : 어머니와 내가 경찰에 끌려왔지만, 그래도 아버지는 노동운동
을 계속했어요.

1937년 지나사변부터 1941년 태평양전쟁 때가 되어 아무래도 노
동운동을 못하게 되니까. 하지만 그때도 많은 사람들이 우리 집에
왔어요. 그 나중에 인쇄업을 한... 이민선(李民善) 씨도. 고베에서
나가타구(長田區)와 하야시다구(林田區) 등에 조선인 시회의원이
3명 입후보했지요.

Q : 일본에서는 고베에 사셨습니까?

A(전) : 일본 올 때 10엔 정도의 현금 밖에 없으니 승선(乘船) 증명을
해 주지 않아요. 어찌어찌해서 시모노세키(下關)에 내렸는데 돈이
없어서 누런 밥하고 비지를 먹었어요.

고베에서는 아는 사람이 방을 내 주어서 거기서 살았어요. 12세
때 와키노하마(脇の浜), 지금 미술관이 있는 깨끗한 곳인데 거기
야학이 있어서 6개월간 일본말을 배우고 학교에 들어갔습니다. 5
학년에 편입했는데, 산술 같은 것이 2년 정도 뒤떨어져 있어서 다
시 4학년에 편입했어요. 그런데 뭘 알겠어요? 보통 아이들보다 처
졌어요.

여동생들에 관해

Q : 여동생들과 함께 일본에 왔다고 하셨는데, 여동생이 몇 명이지요?

A(전) : 너무 많지요. 다섯 명(웃음). 아들은 장남인 나 혼자고. 맨 처음 일본 올 때 어머니, 나, 여동생 두 명이었으니까 여동생 두 명은 한국에서 태어났고 세 명은 일본에서 태어났지요. 지금 장녀는 부산, 차녀는 미국에 있어요.

Q : 일본에서 태어난 여동생 세 명은 일본에 삽니까?

A(전) : 그렇습니다.

Q : 부산에 사는 여동생이 장녀지요?

A(전) : 지금 부산에서 혼자 사는데 아들이 부산대에 다녔어요. 여동생 남편은 고베에서 중학교를 같이 다닌 친구였어요. 동생과 결혼했는데, 너무 성실한 사람이지요. 김종필과 같이 육군사관학교 다니고, 군에도 인사과장도 했고요. 6·25 때는 평양까지도 갔고, 운 좋게도 부상도 입지 않고 돌아왔지요. 군을 그만 두고 민간 회사에 다녔지요. 회사 전무가 되어 술을 너무 마셔서 간이 나빠져서 60세 조금 전에 세상을 떠났어요. 대구의 육군묘지에 묻혔지요. 여동생은 남편이 세상 떠난 후 아이 교육을 확실히 해서 학교에 잘 보냈고. 한국 여자들 치맛바람이 유명하잖아요. 성격이 강하지요.

Q : 부산 사는 여동생이 전해건 선생의 독립유공자 신청에 대해 알고 계십니까?

A(전) : 몰라요. 좀 더 진전되면 얘기하려고 했지요.

해방 전 일본에서의 생활

Q : 어머니가 너무 고생을 하셨겠네요.

A(전) : 어머니가 정말로… 옛날식으로 말해 양반이라 할까. 자기 스스로 새로운 걸 만들어 돈을 버는 것을 몰랐지요. 교육을 그렇게 받았지요. 일본에 오면 한국의 여성들 모두 일을 하고 장사를 하고 그런데. 아버지도 수입이 없고 어머니도 그렇고… 그런데 나는 일해서 돈 벌어오라는 얘기를 듣지는 않았어요. 다만 학교 낼 월사금이 없어서 어쨌든 돈을 벌어야 했지요. 어머니는 우리보다 두 배를 고생했다고 할 수 있어요.

Q : 선생님이 많이 힘드셨지요.

A(전) : 내가 열두 살 때 와서 일본어 조금 배워서 소학교 4학년에 들어갔는데 그 때부터 신문을 팔았어요. 나중에 신문 배달도 하고. 파는 것이 제일 힘든 일이예요. 지금은 신문을 가판대에서 팔지만 예전에는 모두 아이들이 팔았지요. 아침 4시 경 일어나 고베항구에 가서 가와사키(川崎), 미쓰비시(三菱) 등 큰 회사 노동자들이 가는 시간에는 전차에서 몇 백 명이나 나오지요. 거기서 아침 신문을 팔아요.

오사카일일신문, 내용이 아니라 신문 색깔이 빨개서 '아카(赤)신문'이라고들 했지요. 정치, 사회적 내용은 별로 없고 오락적인 신문, 스포츠신문 비슷한 거였죠. 그게 잘 팔려요. 팔리는 신문은 받아서 팔지요. 여동생과 둘이서, 지금 신카이치이(新開地)라는 곳이 있는데, 원래는 최고 번화가였어요. JR 효고역은 미쓰비시 노동자가 가장 많이 타고 내리는 곳인데. 안 팔리면 반(半) 값을 변상해야 해요. 그러니까 매일 아침저녁으로 고베신문은 남아요. 그걸 모두 팔기 위해서 밤늦게까지 끝까지 남기도 했지요.

그런데 재미있는 얘기는 예전의 1전하고 50전 크기가 같았어요. 무게도 별 차이 안 나고. 신문 팔다 보면 신문 값은 2전인데 모르고 51전을 주고 가는 사람이 있어요. 그 돈이면 그날 신문을 안 팔아도 되는데, 그것을 손님에게 저 멀리까지 쫓아가서 '손님, 돈이 잘못되었어요.' 그랬던 생각이 나네요(웃음). 신카이치의 고구마 장사 생각도 나고요. 신카이치의 가스회사 근처가 두 번째로 신문이 잘 팔리는 장소인데, 거기에 군고구마장수가 있었어요. 나는 고구마 제일 끝 부분을 공짜로 받아 먹기도 했고… 하지만 그런데도 아버지에 대해 원망이 없어요.

Q : 아버지에 대해서?

A(전) : 사실 마누라를 고향에 두고 건너와서 일본에 10년, 15년 있는 사람들은 열이면 열 모두 작은 댁을 두었어요.

Q : 작은 댁은 대체로 조선 사람입니까?

A(전) : 일본인이 많지요.

Q : 아버님은 그렇지 않았다는 말씀이지요.

A(전) : 어쨌든 우리 아버지는 그렇지 않았어요.

해방 직후의 상황

Q : 선생님은 건청(建靑)⁶⁾에서 어떤 활동을 하셨나요?

A(전) : 동경에서 건청이 먼저 생기고 효고현에 생겼어요. 나는 청년부에서 조직을 맡았는데 고베만으로는 인원이 적으니 히메지(姬

---

⁶⁾ 재일본조선건국촉진청년동맹을 말하며 효고현본부는 1945년 12월 12일 결성되었다.

路)에도 가서 빙 돌고, 사람을 데려오고… 돈도 많이 들었지요. 고
베에서는 미8군이 미쓰비시은행을 접수해서 거기 있었어요. 건청
은 미8군의 배급물자를 받아서 쓰기도 하고. 그러다가 나는 건청
과 총련이 싸움하는 데 싫증이 났지요.

A(김) : 전 선생님은 처음에 조직부장과 문교부장을 하셨지요?

A(전) : 조직선전부장이었어요. 최초가 현효섭(玄孝燮) 씨였어요.

A(김) : 현효섭이라는 사람은 나중에 민단 효고의 초대 단장이 되는
데, 구모준(具模俊)7) 씨에게 들으니, 전쟁 전에는 헌병대에 있었
다고 해요.

A(전) : 헌병협력대 대장이었지요. 친일파 중에 친일파지요. 원래 현
효섭은 도조 히데키(東條英機)에게 감사해야 한다고 했어요. 도조
히데키는 무모한 전쟁을 일으켰다, 그래서 우리가 해방된 거라고
요. 이 사람을 끌어내렸지요. 현 씨는 나중에 조련8) 사람에게 사
살을 당해요.

A(김) : 여담이지만 '민단효고55년사9)'라는 것은 좀 애매하지만, 내가
민단 사무국장이었고, 구모준 선생(단장)이 지금 기록을 남기지
않으면 영원히 남길 수 없다고 해서 쓰게 되었지요. 전성림 선생
님이 계셔서 쓸 수 있었습니다.

A(전) : 건국청년동맹은 지방조직을 만들기 위해 효고현 일대를 돌았
습니다. 그 당시 나는 아무 지식도 없고 그냥 감정적으로 했는데,
독립에 대한 감정이 높았습니다. 그때 내가 가장 관심을 가진 것
은 교육문제였어요. 조선인에 대한 교육, 이 정도는 교육을 시켜
야 한다는 기본 방침이란 것을 내고 교육에 대한 기본방침을 내고

---

7) 2000년 4월 '민단 개혁'을 내걸고 민단효고현지방본부 단장에 선출되었다.
8) 재일본조선인연맹. 1945년 10월 15일에 결성되었다.
9) 在日本大韓民国民団兵庫県地方本部, 『民団兵庫55年の歩み』, 2003.

대학생 몇 명, 중학생 몇 명이 담당했지요. 서적도 만들었어요.

Q : 건청의 초대 위원장은?

A(전) : 현호섭. 문동건(文東建)은 그 다음입니다. 실질적으로는 건청
의 사실적인 지도자는 문동건이지요. 문동건 씨가 현호섭을 쫓아
냈지요.

문동건 씨는 동경에도 건청이 생겨서 거기서 운동했어요. 그때 고
무 붐에 따라 돈을 벌었지요.

Q : 55년사에 나와 있습니다만 건국촉진청년동맹 효고현본부에 관한
애기를 해 주시겠습니까?

A(김) : 건국촉진청년동맹 효고현본부가 1948년 단독선거를 둘러싸고
찬성파와 반대파로 분열되었지요. 분열될 때 소위 단독선거 반대
파가 통일동지회라는 것을 만들었어요. 그 통일동지회의 기관지
가 통일평론이지요. 지금 조선총련의 산하단체에 통일동지회가 있
지요. 실체가 있는지는 별문제로 하고요. 그 기관지가 지금도『통
일평론』이예요. 그러니까 통일평론의 루트를 거슬러 올라가면 건
국촉진청년동맹입니다.

통일동지회의 효고의 중심 인물이 문동건이지요. 문동건은 원래
나가타에서 고무공장을 했어요. 나중에는 북한 김일성 주석과 둘
이서 식사를 하는 사이가 되었어요. 북한의 무임소 장관, 특임장
관이 되고요. 조선총련의 거상(巨商)이지요.

A(전) : 버마에서 전두환 때 아웅산 사건이 일어났을 때 문동건이 배
를 제공했지요. 그 자식들이 저기서 빠칭코를 해요.

A(김) : 아웅산 폭파범이 타고 온 것이 원래 문동건이 북에 기부한 배
예요. 그 화물선을 타고 미얀마로 갔다는 거지요. 문동건 아들이

전성림 선생과 함께 구술한 김광남 선생

지금, 일본이 여자축구가 갑자기 인기를 끌고 있는데, 월드컵에서 우승했으니까요. 그 멤버가 고베의 아이낙 축구팀에 있어요. 지금 아들 나이가 60대 정도인가, 그 사람이 여자 축구팀 오너(owner)지요. 그런데 일본 매스컴에서는 오너가 조선인이라는 보도를 하지 않아요. 문동건에 대해서는 전 선생님이 잘 알지요.

Q : 전해건 씨는 건국촉진청년동맹, 건청 조직에 관여하지 않았습니까?

A(김) : 전해건 선생은 어르신이니까요. 청년동맹이니까요. 원래 전해건 선생님은 민단의 모체를 만들었어요. 해방이 되고 나서 어딘가 여관에서 모여서 시작되었지요. 전해건 선생은 효고현 조선인위원회 대표였습니다. 전쟁 전의 노동운동이나 동포를 위한 일을 한 것으로 인해 많은 사람들로부터 존경을 받았어요.

A(전) : 해방 때 전해건 선생은 40세 정도였어요. 제일 처음 8월 15일에 현지사가 전해건 선생을 불렀습니다. 지금 전해건 씨 너무 과격하게 하면 안 된다, 해방되었다고 너무 만세 만세 하지 말라고 했어요. 나가타(長田) 민단 중앙본부의 단장이 김영준(金英俊)—일본 이름은 아오야마(靑山)—인데, 그 김영준이라는 사람이 경영하는 여관에 조선인들이 모였어요. 그때 처음 모여 효고현조선인협회를 결성하고 전해건 선생이 의장이 되었어요. 그건 조선인연맹과는 다르지요. 그때는 한국도 북한도 없었으니까 다들 조선인, 조선인이라고 했지요.

그런 단체가 만들어질 때 나는 이제 지금부터는 민주주의다, 데모크라시다 하고 선거를 해야 하지요. 당시 너무나 유명한 박열 씨도 나가타에 왔어요. 그런데 효고지역은 85~90%가 경상남북도 출신이니까, 선거를 해도 다들 경상도니까 아버지는 선거를 해도 무리였지요. 그래서 제일선에서 물러나게 되었어요.

A(김) : 그래서 구모준 집행부가 경남도민회 때문에 쫓겨나지 않았습니까. 효고현 민단의 실세는 경남도민회라고 할 수 있어요. 인쇄업을 했던 이민선이라는 사람이 있었는데 해방 전부터 전해건 선생과 함께 노동운동을 했고 아마 해방 전에 일본공산당 당원이었을 거예요. 그러니까 전후에도 공산당에 들어가지요. 북한에 갔지요.

A(전) : 전해건 선생의 주장은 분열해서는 안 된다는 거였어요. 전해건은 조선 통일은 UN 중심으로 해야 한다고 했지요.

A(김) : 이민선이 해방 직후 조선인협회에서 부위원장을 했는데 공산당의 지령으로, 전해건 선생은 공산주의보다도 민주주의라는 노선이니까 그래서 전해건 선생을 몰아낸 거예요. 그리고 박주범 선생과 함께 효고현의 조선인연맹을 만듭니다. 전해건 선생은 쫓겨

났다는 느낌으로 실의에 빠졌고, 선거를 하면 경상남도 사람들이 대다수라는 것 때문에 문학으로 나아가는 거예요. 그래서 오구라 햐쿠닌잇슈라는 것을 한시로 옮기는 사업이라든지 거기에 몰두하지요. 그리고 또 하나는 원심창(元心昌)[10] 선생과 함께 평화통일운동을 시작하는 겁니다.

Q : 문동건이 총련으로 가는 것은 언제입니까?

A(김) : 그 계기가 된 것은 1948년의 단독선거. 그것을 둘러싸고 민단은 단독선거에 찬성했지요. 이승만 정권은 단독선거 결과 태어나는데 건청에서 단독선거 찬성파과 반대파로 나뉘어지지요. 반대파가 효고현이고 그 중심이 문동건 씨. 그래서 그 후에 건청은 무너지지요. 그걸 깨고 대한청년단을 만듭니다. 대한청년단을 만들기 위해 일본에 오는 것이 안호상입니다. 나중에 문교부 장관이 되지요. 그런데 끝까지 건청이라는 이름이 남은 것은 효고 뿐입니다.

Q : 그 마지막이 언제지요?

A(김) : 그것이 1960년 4·19 혁명이 일어나서 재일한국청년동맹으로 바뀝니다. 과거를 반성하고. 그런데 효고만 대한청년단에서 재일한국청년동맹으로 바뀌는 것이 아니라 건청에서 재일한국청년동맹으로 되는 거지요. 아주 드문 케이스죠. 그러나 간판만 건청이고 내용적으로는 전부 통일동지회를 만들어 조선총련의 결성에 가담하니까. 조선총련은 55년이니까. 효고는 특히 재미있지요.

---

10) 1906~1973. 무정부주의계열 독립운동가. 해방 전 일본과 중국에서 항일운동에 참가하여 복역했다. 1951~1952년 민단 11, 12대 단장을 지냈다.

Q : 그러면 전성림 선생님은 건청에서 언제 나오셨지요?

A(전) : 내가 왜 그만 두었냐 하면, 조직선전부 내에서 아침부터 밤까
지 다니면서 싸움만 하는 것을 보고(웃음).

A(김) : 초대 조직부장 겸 문교부장인데 단독선거 이전에 벌써 나왔어
요. 건청은 내용적으로는 문제가 많았어요. 피엑스에서 물자를 받
으려고 뒤에서 꿍꿍이를 하거나… 전 선생님은 건청에 실망하시
고, 대학 들어가서 공부하겠다고 마음을 먹으셨지요.

Q : 그래서 간세가쿠인대학 문학부에 진학하시지요?

A(전) : 예 그때 갔지요.

생활의 어려움과 사업 경영

Q : 건청을 그만 두시고 대학에 가셨지요?

A(전) : 예. 친구가 학교에 가자고 한 이유도 있었어요. 내가 로맨스에
빠지기도 했고…(웃음).

Q : 로맨스요?

A(전) : 건청 사무실에서 사무원으로는 일본인 여성 두 명을 썼어요.
좀 창피한 얘기지만 사무원 중의 한 사람 집에 자주 갔어요. 미망
인인 어머니와 세 자매가 있었어요. 사무원인 큰 딸은 군인 미망
인이고, 둘째 여동생이 머리가 좋아 미쓰이(三井) 물산에 취직했
고, 셋째 여동생이 내 첫사랑이지요(웃음). 당시 한국 여자는 수동
적이고 교육을 별로 받지 못했어요.
또 갑상선호르몬에 이상이 생기는 바세도우씨병(Basedow's disease)
을 앓아서… 몸이 마르고 힘들었어요. 그래서 방사선 치료도 했
고, 지금까지도 죽을 때까지 인공호르몬을 써야 해요. 대학 입학

전성림 선생의 사무실

시험은 영어, 그리고 독일어, 불어, 중국어 같은 제2외국어 중에
한 가지를 쳐야 했어요. 입학금이 문제였지요.

Q : 그때 생활은 어떻게 하셨어요?

A(전) : 우리 식구가 7명 있었어요. 7명이 생활할 때 누가 돈을 벌어오
나 하는 거지요. 아버지는 10전 하나 벌지 못하고 그래서 나는 대
학에 갈 때 학비를 못 내고 퇴학할 형편이 되었어요. 나하고 아주
친한 선배가 후지타 마코토인데 아오모리(靑森) 출신이예요. 그
사람이 학교 그만 두고 장사하는 게 어떤가 했어요. 그래서 아오
모리까지 가서 장사를 시작했어요. 그곳은 눈이 많은 곳이지요.
장화가 없으면 살지 못하는데 고베는 장화를 일본에서 가장 많이
생산하시요. 선배의 얘기를 듣고 공상에서 바로 나온 상화를 갖고
갔지요. 문동건이 고무공장을 해서 그 사람한테 장화 50족을 빌려
서 아오모리에서 팔았지요. 그것이 내 장사의 출발점이죠.

Q : 대학을 나와서 여러 가지 일을 하셨나요?

A(전) : 대학을 나와서 야채장사를 한 일이 있어요. 그 전에는 신용조
합에 다녔지요. 원래 조선 사람을 위한 금융기관이 전후에는 없었
는데 하나 만들자고 다이와 은행에서 밀어줘서 조선인신용조합을
만들자고 얘기가 나왔어요. 거기서 일할 청년이 부족하여 전해건
아들 어떤가 하는 얘기가 있었어요. 나는 주판을 싫어하고 문과라
서 계산도 잘 못하는데, 신용조합에 갔어요. 조선전쟁이 났을 때
에는 신용조합에서 샐러리맨을 하고 있었는데요. 원래 신용조합
에 한국 사람은 안 되는데, 조합 이사장(일본인)이 아버지를 존경
해서 취직을 했지요. 이사장과 아버지는 친했어요.

조선전쟁 때 일본에서는 재일교포 중에 고등학교, 대학교에 있는
사람은 전부 조사해서, 학도병, 지원병으로 전쟁에 참가시키려 했
어요. 강제는 아니지요. 신용조합에서는 내가 급료 받는 것의 3배
를 지불할 테니 6개월 훈련하고 전쟁에 나가라고 했어요. '너의 나
라가 이런 상태니까' 하면서요. 우리 아버지와 장인에게 그 얘기
를 하니, 장인은 6 · 25에 나가라고 했고, 아버지는 바보 같은 얘기
라고 안 된다고 했어요(웃음). 결국 군대 가는 것은 거절을 했어
요. 아버지 말씀이 세계 제일의 미국 육군이 있고 맥아더가 상륙
작전을 이끌었으니 걱정할 필요 없다고 지금은 가지 마라는 것이
었어요. 미군이 인민군에 패해서 부산에서 물러날 지경이면 말 안
해도 이쪽에서 전쟁에 나가겠다는 거지요.

Q : 그 다음에 야채장사를 하셨어요?

A(전) : 신용조합에 5년 근무해서 관리직이 될 수도 있었지만, 그만 두
고 퇴직금을 받아서 야채장사를 시작했어요. 팔다가 남으면 집에
서 먹을 수 있으니까. 그리고 어머니와 여동생이 일손을 도울 수

있다는 것도 생각했지요. 그러나 전기관계 일을 하게 되었어요.

Q : 그것이 청전사(靑電社)입니까?

A(전) : 원래 건청을 하면서 히메지 쪽에 있는 이시카와지마하리마조
선(石川島播磨造船)11)에 갔을 때예요. 큰 회사인데, 일제 때 만철
의 사장을 했던 사람이 돌아와서 사장을 하고 있었어요. 당시 요
시다 시게루(吉田茂) 때인데요. 지금 IHI라고, 일본을 대표할 만한
조선소 회사입니다. 이 사람(사장)이 만주에 있을 때 아이가 생기
지 않아서 조선 아이를 자기 양자로 했어요.

나는 종종 아이들을 데리고 지부 사업을 하러 거기에 갔어요. 사
장의 조선인 아들 아키야마(秋山)를 알게 되고 자기 집에도 데려
가고 친해졌어요. 이 사람 덕분으로 인맥을 통해 전기사업을 시작
하게 되었지요. 고베정공소(精工所)가 자회사(子會社)였어요. 그
형광등이 전에 핀란드 왕실에서 쓰는 특허를 받은 것인데, 정공소
에서 그것을 만들었어요.

형광등 판매를 지금 JR, 국철에서 하게 되었어요. 해군, 육군에도
판매하게 되니 자꾸 만들게 되지요. 조선전쟁 때 미국의 제8군 관
계로 배로 늘어났어요. 그런데 그걸 만드는 건 제3국인이어서 안
된다는 말이 나왔어요. 그래서 전기회사를 만든 거지요. 말하자면
나는 그 친구 덕으로 직업을 갖게 되었습니다. 사장이 되었지요.
사장이 한 명, 사원이 한 명인 회사였지요. 청전이라는 이름을 지
었지만, 공산주의 치하에서는 적전(赤電)으로 바꾼다는 생각도 했
어요.

---

11) 150년이 넘는 역사를 갖고 있으며 중기(重機), 조선(造船) 등 중공업 분야에서
일본을 대표하는 기업의 하나. 현재의 주식회사IHI이다.

Q : 전해건 선생님은 정치 제일선에서 물러나시고요.

A(전) : 사카모토(坂本)[12]라는 정치가가 있었는데 아마가사키(尼崎) 시장을 했지요. 그 사람은 그 이전부터 우리 집에 혼다라는 사람 과 함께 와서 막걸리를 마시기도 했어요. 혼다는 인도철학 학자이 고 대학교수였어요. 그 사카모토 씨가 '전 씨, 내가 시장을 하는 동안 밥 먹고 살아야지' 하면서 토목공사에 쓰는 자갈과 모래를 관리하는 일을 준 적이 있는데 모래 양도 부족하고 불순물이 섞여 서 제대로 사업이 되지 않았지요. 사카모토는 나중에 검사가 되었 어요.

A(김) : 전해건 선생은 그 사업에 이름만 빌려 주었고 사카모토 씨는 전해건 선생을 어떻게든 도우려고 한 거지요. 정치가 중에도 합리 적인 생각을 하는 사람이 있어요. 전해건 선생이 한학자이기 때문 에 일본의 교양인들과 친분이 있었어요. 시장은 생활이 어려우니 까 아마가사키시의 일을 준다는 의미였어요. 이름만 빌려 주었다 고 생각되요. 해방이 된 후 전성림 선생은 전해건의 아들이라는 이유로 득을 보았지요. 노동운동 때문에 고베 지역에서 존경을 받 았어요.

해방 직후의 고베지역

Q : 선생님은 고베지역의 조선 사람들에 대해 많이 알고 계시고 최근 에 고베대학의 석사논문 쓰시는 분도 선생님을 인터뷰했지요?

A(전) : 호리우치 선생 소개로 석사 논문을 쓰는 사람이 찾아 왔어요. 해방 후 고베에서 신발 80%를 조선인이 생산했어요. 암시장이나

---

12) 1899~1975. 도쿄대를 졸업하고 수평사(水平社)운동에 관여하고 프롤레타리아문 학평론도 했다. 전전에는 1927년 효고현 현회의원 및 1942년 중의원에 당선되었 다. 전후에는 1951년 아마가사키시장, 1954년 효고현지사에 당선되었다.

해방 직후의 경제활동에 관해 고베대에서 석사논문을 썼어요. 이 논문을 보니 우리가 모르는 내용도 많아요. 조선인의 활동에 대해서도 쓰여져 있지요.

Q(김) : 고베에서 동포들이 가장 밀집한 곳은 역시 나가타였습니까?

A(전) : 나가타지요. 고베의 조선·한국인 중에 80%가 나가타에 집중되었어요. 나가타에 신용조합이 있었어요. 제일 동포가 많은 곳은 나가타, 후키아이, 스미요시(한신). 반쵸(番町)13)라는 것은 일본최대의 차별부락이지요. 지금은 그 지명이 없지만. 나가타 도로를 끼고 야마카와의 반쵸가 있어서.

A(김) : 조선 사람들은 모두 반쵸에 살면서 고무공장에서 일을 했지요. 이쿠타가와 근처, 강변에 많이 살았어요. 불법 점거를 해서(웃음).

A(전) : 가난한 사람이 많이 살았어요. 일본인이라도 일본 사회에서 차별을 받았지요. 가난한 사람들이 사는 지역이나 동화촌(同和村)14)에는 반드시 조선인들이 있었어요. 조선인도 거기 가면 차별을 받지 않으니까. 가난한 사람이 가난한 지역에 가면 별로 차별을 받지 않지요. 아시야(芦屋)에도 그런 곳이 있었지요. 스미요시에는 고시마군(ごしま郡), 이곳은 야마구치구미(山口組) 깡패, 일본 최대의 깡패조직인데, 깡패들이 많았지요. 조선인들과 부락민들이 연합해서 그 조직에 들어가 있고. 사회적으로 차별을 받아서 일자리가 없었기 때문이지요.

야마구치구미에서 떨어져 나온 별도의 조폭이 스미요시에 있었어요. 한국의 깡패들을 단속한 적이 있었는데, 야마구치구미의 지부를 부산에 두었어요. 한국에서 붙잡아 육군 토목부에 넣어 아침부

---

13) 고베의 나가타구에 있던 지구(地區) 이름.
14) 일본의 피차별부락을 말한다.

터 밤까지 일을 시켰다. 야마구치구미도 한국에서는 그만 두었지
요.

A(김) : 전두환의 삼청교육대는 유명한데 야마구치구미는 박정희 때
군요(웃음). 야마구치구미는 북한에도 가 있어요. 마약을 팔고, 운
반하고. 중국에서 가끔 붙잡히기도 하지요.

Q : 고베에는 중국인이 많았는데, 암시장을 둘러싸고 중국인과 조선
인의 싸움이 있었지요?

A(전) : 장소 때문이지요. 늘 조선인이 중국인을 눌렀어요. 조선인은
폭력단이 뒤에 있어서(웃음). 부산까지 도망치기도 하고. 싸움이
되면 일본 경찰은 힘이 없고, 미군 헌병들이 오는데 미군은 중국
인들을 도와주었지요. 중국은 전승국이니까요.

A(김) : 중국 출신자들은 일본에서 노동한 사람들이 많았는데 전후에
돌아갔지요.

A(전) : 중국에서 노동자들이 온 것은 조선 사람보다 훨씬 뒤의 일이지
요. 국가총동원 이후니까, 일본에 생활 기반이 없어서 전부 중국
에 갔어요. 고베 화교는 복건성(福建省) 출신이 많아요. 장사를 하
는 사람이 많지요. 화교총회 회장을 한 사람이 건물을 갖고 있는
데 1층에 화교박물관도 있어요.

평화통일운동

Q : 전해건 선생님은 통일운동 때문에 민단에서 쫓겨나셨지요?

A(전) : 아버지는 한일회담 때 민단에서 제명되었어요.

A(김) : 전 선생이 제명 처분을 받으신 이유는 두 가지예요. 하나는 한
국민주자주통일연맹(한민자통). 조봉암의 비서를 했었다는 이영
근(李榮根)[15] 씨가 일본에 들어와서 평화통일을 주장하는 한민자

통 결성할 때 참여하셨거든요. 그때 민단은 5·16을 지지하는 입장이어서 한민자통을 적성단체로 규정하고 간부들은 모두 쫓아냈어요. 또 하나는 민족일보, 최근에 조용수 사장의 명예가 회복되었는데 전해건 선생님이 조용수 구명운동을 했거든요. 국내에서 보면 조용수는 빨갱이로 사형 집행을 당했는데 구명을 주장하는 놈들을 빨갱이라고 했지요. 전해건 선생님은 해방 전부터 독립운동가인 원심창과 가까웠지요.

Q(김) : 전해건 선생님이 평화통일운동을 한 계기는 원심창 선생님이죠?

A(전) : 그렇지요. 함께 사이좋게 행동을 했지요. 원 선생님은 때때로 우리 집에 왔고요. 묘지도 같은 곳에 있었는데 지금은 이전한 것 같지만. 왜냐하면 원 선생님은 정부로부터 서훈을 받아서. 원심창 선생님은 충청도 국립묘지에 모셔졌지요. 원 선생님은 원래 상해에 있었는데요. 원심창 선생은 원래 재일동포였기 때문인데, 일본에서 잡혀서 상해 그룹이 귀국할 때 오무라수용소에 계셔서 아버지가 그분을 데리러 가셨어요.

A(김) : 1944년 정도에는 해외의 동포들이 김구 선생을 알았고, 건청효고본부를 만드는 사람들이 전쟁 중에 자기들끼리 모여서 임시정부 얘기를 했어요. 왜 오무라수용소까지 갔나 하는 것은 전쟁 전부터 인간관계가 있었다고 봐야지요.

---

15) 1919~1990. 건국준비위원회와 진보당에서 활동했던 재일교포 언론인. 조봉암이 농림부 장관으로 입각한 당시 농림부 과장으로 일했고, 1959년 조봉암 사형 이후 일본으로 밀항하여 『통일조선신문』을 창간했다. 이 과정에서 조용수와 친분을 맺고, 4·19 혁명 이후 조용수의 민족일보 창간에 자금을 지원했다. 1990년 노환으로 사망한 뒤 노태우 대통령은 '교포들에게 반공 의식을 고취시켰다'며 무궁화 훈장을 추서했다.

Q : 한일회담에 대해 선생님은 어떻게 생각하세요?

A(전) : 이(李) 라인을 판 댓가로 무상 3억 달러, 유상 2억 달러, 합해
　　서 5억 달러를 받았지요. 나는 여기에 대해 무척 반대했어요. 그
　　걸로 다 해결되었다고 했지요. 이토 히로부미도 병합 때 돈으로
　　했고, 일한회담 때도 차금(借金)으로 장사할 생각을 한 거지요.

Q : 그에 대한 전해건 선생님의 생각은 어떠셨어요?

A(전) : 돈은 빌려서 차관, 독립축하금. 우리 생각으로는 어쨌든 돈 빌
　　리는 것은 걱정되지요. 차금대국(借金大國). 나는 내기(도박)를 아
　　주 싫어해서 파친코도 안 하는데, 돈 빌리는 것도 싫어해요.

A(김) : 전 선생님은 원심창 선생도 그렇지만, 한일회담에 비판적이었
　　지요. 이승만 라인, 평화수호선을 지키라는 입장이었지요. 평화라
　　인을 없애는 대신 3억 달러를 받았고, 또 독도문제를 해결하지 못
　　했지요. 김종필은 작은 섬은 폭파시키라고 했지요.

A(전) : 김종필이 한일조약을 사인할 때 닛산자동차와 트러블이 있었
　　다는 얘기를 들었는데.

A(김) : 정경모(鄭敬謨)16) 선생님이 상공부 고문으로 자세히 아시는데,
　　울산의 화학콤비나트를 설계한 사람인데. 그 분은 아직도 한국에
　　못 돌아가는데… 한일회담에 대해 자세히 알지요. 유기화학을 전
　　공한 사람이 당시 한국에 없었다고, 정경모 선생은 에모리대학에
　　서 전공했으니까. 차관을 도입하는 계획서 등을 작성했으니까.

Q : 통일조선신문17)은 전해건 선생님과 어떤 관계가 있습니까?

---

16) 1924년 서울 출생이며 일본과 미국에 유학했다. 이후 1970년 박정희에 반대하며
　　일본에 망명했고, 1973년부터 시사평론가, 문필가로 활동했다.
17) 1959년 1월 1일에 『조선신문(朝鮮新聞)』이라는 제호로 순간(旬刊)으로 창간되었

A(김) : 전해건 선생님이 통일조선신문사의 평화통일운동에 참가했다
　　　는 것이 민단의 제명 처분의 이유의 하나입니다. 보훈처에 낸 공
　　　적 조서에도 그 내용이 있어요. 통일조선신문은 나중에 통일일보
　　　로 이름을 바꾸고 성격도 바뀌지요. 그렇게 바뀔 때는 이영근 씨
　　　가 중심이 되었고요. 원래 조봉암 비서를 하다가 일본에 와서 조
　　　용수 사형에 대한 구명운동을 했고, 그 과정에서 이영근이 도쿄에
　　　서 중심이 되고 전해건 씨와 연결되었어요.
　　　　통일운동의 거점이었던 한민자통에서 전해건 선생은 지도위원을
　　　하는데요. 통일조선신문이라는 신문에서 박정희를 비판하면서 평
　　　화통일운동에 종사하다가 1968년에 분열되지요. 그때까지 박정희
　　　를 비판하다가 갑작스럽게 이영근은 김일성 비판을 시작하고 박
　　　정희를 지지해요. 중앙정보부에서 막대한 돈을 받고 통일조선신
　　　문을 일간지인 통일일보로 바꾸지요.
A(전) : 아버지는 거기에 반대했지요.
A(김) : 전해건 선생과 윤수길(尹秀吉)도 반대하여 빠지지요.

Q : 전해건 선생님의 묘지는 어디에 있습니까?
A(전) : 충청도 천안의 망향의 동산. 1년에 한 번씩 성묘도 합니다. 묘
　　　지가 잘 정비되어서 잘 되었다고 생각하고 내 것도 예약했습니다
　　　(웃음).

Q : 조용수 구명운동에 대해 말씀해 주시겠습니까?
A(김) : 조용수 씨가 민족일보사건으로 사형 선고를 받았을 때 전해건

　　다가, 그해 11월 20일 제20호부터는 『조선통일신문(朝鮮統一新聞)』으로 개제하
　　였고, 같은해 3월부터 주간으로 발행되었다. 1973년 9월 15일 제호를 『통일일보』
　　로 바꾸면서 일간이 되었다.

선생이 구명운동을 했어요.

A(전) : 이런저런 활동을 하신 것 같은데 나는 그때 민단 관계나 조직
활동에 관여하지 않아서요. 신문을 읽는 정도의 상식밖에 없었어
요.

전해건의 한시(漢詩) 활동

Q : 햐쿠닌잇슈에 대해 말씀해 주십시오.

A(전) : 일본인조차도 이해하기 힘든 옛날 시집이예요. 교과서에 실릴
정도로 유명한 거죠. 이것을 한문으로 번역했다는 것은 70년대에
등소평 씨가 일본에 왔을 때 여기 유학 와 있던 중국인 청년이 통
역으로 왔어요. 그 통역이 등소평에게 이 햐쿠닌잇슈를 보여 주었
어요. 이건 대단한 거다 하면서 50권을 베이징대학에 갖고 갔어
요. 중국인들은 고문(古文)을 이해하니까.

Q : 원래 교토에서 햐쿠닌잇슈를 편집했다고 들었어요.

A(김) : 햐쿠닌잇슈는 일반 가정에서도 카루타(カルタ, carta)[18] 놀이
로 전승되고요. 요즘은 그런 풍속이 거의 없어졌지만, 원래 일본
에서는 설날 같은 때 카루타놀이를 해요. 그 카루타에 오구라햐쿠
닌잇슈의 가미노쿠(上の句)[19]와 시모노쿠(下の句)가 있는데, 가미
노쿠를 읽으면, 시모노쿠가 어디 있는지 찾지요. 일본 가정에서는
그런 놀이를 했어요. 그러니까 오구라햐쿠닌잇슈라는 것은 일본
의 교양문화의 중심이 되지요. 아무도 그것을 한자로 옮긴 사람은
없었거든요.

---

18) 歌留多, 骨牌 등으로 표기하기도 함. 놀이에 쓰이는 카드로 장방형 종이에 그림
과 글자가 쓰여 있다.
19) 가미노쿠는 일본 단카(短歌)의 앞 구절, 시모노쿠는 뒤 구절을 말함.

구술하는 전성림 선생(2차)

또 하나 일본인이 일본 문화의 루트로 생각하는 것이 만요슈(万葉集)지요. 그런데 최근에 나라 현립 만요연구소가 있는데, 그 소장이 야마노우에노 오쿠라는 백제인이었다는 견해를 발표했어요. 만요슈가 원래 6천 수 이상인데 야마노우에노 오쿠라(山上憶良)[20]는 그중에도 대표적인 가인(歌人)이지요.

A(전) : 김달수라는 작가가 산인(山陰)지방[21]에서 무사시(武蔵)[22]에서 내려오면서 조사한 책이 있는데. 그 책을 읽어 보세요. 일본의 문학계 속에서 발표를 했으니까.

A(김) : 전해건 선생이 만요슈가 아니라 햐쿠닌잇슈를 번역한 이유를

---

[20] 660?~733?. 나라시대 초기의 귀족이자 가인(歌人). 만요슈에 그의 노래가 78수 포함되어 있다.

[21] 돗도리현(鳥取縣), 시마네현(島根縣)을 가리킨다.

[22] 예전에 도쿄, 사이타마(埼玉), 가와사키(川崎), 요코하마(橫濱) 지역 대부분을 부르던 지역명.

생각해 보면, 만엽집은 한자를 빌어서 쓴 만엽가나(がな)를 사용
했고, 햐쿠닌잇슈는 히라가나로 쓰여 있으니까요. 일본어를 한자
로 차용해서, 이두와 마찬가지로 만요슈는 680년경에 쓰여지는데
660년 백제가 망하면서 수 천 명이 일본에 왔고, 이들로 인해서
한자 보급이 급속히 이루어지지요. 야마노우에노 오쿠라를 조사
해 보면 관직을 못 가져요. 그러다가 견당사로서 중국에 파견되지
요. 백제 유민이라고밖에는 생각할 수 없지요. 야마노우에노 오쿠
라는 의사이고 텐지(天智)천황의 의사를 했지요. 의사는 백제계
가운데 최고이고 그 아들이니까. 야마노우에노 오쿠라는 660년에
태어나 세 살 때 일본에 왔을 것이라고 생각되지요.

비와호(琵琶湖)에 백제신사가 있는데 거기에 유민들이 살았는데,
거기서 야마노우에노 오쿠라가 자랐어요. 일본인들이 좋아하는
가인이지요. 고대 조선어를 적용하지 않으면 만요슈를 해석할 수
없는 경우가 많지요. 만요슈가 히라가나로 쓰여졌다면 번역을 했
겠지요. 그래서 햐쿠닌잇슈를 한시로 바꾸는 작업을 했다고 생각
합니다.

Q : 한시 번역은 한국이나 대만, 중국의 한자문화권 사람들이 햐쿠닌
잇슈를 감상할 수 있는 기회가 되겠지요.

A(전) : 등소평이 일본에 왔을 때 간사이에도 왔어요. 그때 통역하는
사람이 중국 화교인데요. 고베에 중국 화교가 가장 많이 사니까
요. 통역자가 여기서 자란 사람이고 그 사람을 알았는데, 그 사람
을 통해서 등소평에게 햐쿠닌잇슈 번역본을 주었지요.

A(김) : 등소평은 그때 파나소닉(Panasonic) 등 여러 공장을 시찰하러
온 거지요.

A(김) : 다나카 수상이 중국에 가서 주은래와 국교정상화 회담을 하지

요. 그 통역을 한 여성도 고베의 중화도문학교 출신으로 일본에서
산 사람이지요.

Q : 전해건 선생님은 어릴 때 조선에서 한문을 공부했지요?

A(전) : 아버지는 다이쇼(大正) 시대에 일본에 와서 관동대지진 때의
조선인 학살을 보았고, 관서에 왔지요. 와세다대 야간부에서 공부
를 하고, 조선에서도 아마 사상운동을 했을 텐데, 어쨌든 대진재
를 보고 이제 학교 다닐 때가 아니다, 독립운동을 해야 한다고, 그
래서 고베에 왔지요. 간사이에 와서부터 노동조합이나 소비조합
을 만들었지요. 그런 것이 끝나고 전후에는 조선인위원회도 하
고…

그런데 선거를 통해 무슨 지도자가 되는 것은… 전후 고베 조선인
의 80%가 경상남북도 출신이예요. 전후가 되면 모두들 경상북도
도민회 같이 도민회를 만들어요. 만약 그런 조직에 기대어 선거운
동을 하려면 도쿄에 가야 하지요. 아버지는 그런 것보다는 자기가
갖고 있는 한문을 통해 제2의 인생을 시작한 것이 아닌가 해요.
햐쿠닌잇슈를 번역할 때 보통의 경우에는 원문을 갖고 그대로 번
역하는데, 아버지는 시가 쓰였던 현장까지 방문을 했어요. 가령
이런 시가 있으면, 그 노래가 저 도호쿠(東北) 지방에서 지어졌으
면 거기까지 가는 거예요. 가령 산인지방의 이즈모(出雲) 근방에
서 읊었다면 거기까지 가고. 그리고 자기의 한시 시집도 냈지요.

Q : 전해건 선생님은 정말 세계 문화에 공헌하신 분이라고 할 수 있네
요.

A(전) : 일본의 나라는 일본에서 한문을 하는 학자들이 모이는 곳인데
요. 나라에 가서 그분들과 교류했고, 한문 하시는 분들도 햐쿠닌

잇슈의 한문 번역에 대해서는 높이 평가했지요. 그런 면에서 정말
잘 하셨다고 봅니다.

조국과 가교가 되는 사진 교류 활동

Q : 사진 도록에 대한 설명을 부탁합니다.

A(전) : 사진 찍는 것이 취미입니다. 20년 전 한국 청주시 문화원에서
　　　내 개인전을 했어요. 청주, 광주, 독일에서도 사진을 전시했습니
　　　다. 해방 직후 간세가쿠인대학에 다닐 때, 학생시절부터 오늘까지
　　　취미가 사진이예요. 지금도 사진 찍으러 나가고 1년에 한두 번씩
　　　전시해요. 9월 달에는 대판(大阪)미술관에서 전시를 하고…

Q : 우리나라와 일본 간의 사진 교류를 해 오셨는데요.

A(전) : 우리 생활의 보장 같은 것이 아무 것도 없어서 나는 일을 해야
　　　했고, 그래서 그런 운동에서 나는 좀 떨어져 있었죠. 아버지는 회
　　　사에 다닌 것도 아니고 무슨 장사에 소질이 있었던 것도 아니고…
　　　아버지는 아버지대로 하세요 하는 식이었지요.
　　　하나 얘기할 수 있는 것은 하나의 애국심 중에도 여러 가지가 있
　　　겠지요. 방법상으로. 가령 경제적으로 성공해서 자기 나라를 위해
　　　서 공헌하는 분도 있고, 자기 지식을 사용하거나 운동을 하는 분
　　　도 있고요.
　　　나는 아무 것도 공헌할 게 없고 일본에서 오랫동안 살면서 조국과
　　　의 사이에서 뭔가 가교가 된다고 할까 그런 생각을 했어요. 내가
　　　할 수 있는 게 무엇일까 하고, 뭔가 내 취미를 통해 사진이 취미니
　　　까 사진으로 무엇인가 할 수 없을까. 한국의 관계자와 연락을 하
　　　려고 했지요. 민단도 그런 것은 안 되고…
　　　결국 학교를 통해서, 나는 간세가쿠인대학(關西學院大學)인데 마

침 그 학교가 기독교계 학교였어요. 그래서 한국의 기독교 관계 학교에 연락을 해서, 전라남도 광주의 홍 선생님과 연락이 되었어요. 아주 훌륭한 분이지요. 일제시대에는 구마모토에서 학교를 나와서 전후에 조선대학교 교수를 했어요. 그런 관계로 1992년 5월부터 한일 사진 교류를 시작했지요.

우 부 웅

바둑으로 일군 한일·남북교류

- 이름 : 우부웅
- 구술일시 : 2013년 4월 6일
- 구술장소 : 도쿄 고려바둑협회 바둑실(百段小屋)
- 구술시간 : 132분
- 구술면담자 : 김인덕, 동선희
- 촬영 및 녹음 : 성주현

■ 우부웅(禹富雄)

해방 후 일본에서 출생한 자이니치 2세이다. 조총련계 학교인 조선대학교 사범학부를 졸업하고 초등과 중등학교 교사로 8년간 재직하다가 그만두고 사업 분야로 진출하였다. 현재는 부동산업에 종사하고 있으며, 자이니치를 중심으로 고려바둑협회를 조직하여 한일간, 남북간 교류에 힘쓰고 있다. 그리고 건축에도 관심을 가지고 있다. 대한민국과 북한을 왕래하였으며, 특히 북한에는 식량을 지원한 바 있다.

■ 인터뷰에 관해

우부웅 씨는 바둑을 통한 남북 교류를 그만이 할 수 있는 통일운동으로 인식하고 있었다. 우부웅과의 인터뷰는 고려바둑협회 사무실로 사용하고 있는 백단소옥(百段小屋)에서 진행되었다. 아담하고 정결한 백단소옥은 한일 바둑 교류의 상징이기도 하였다. 우부웅 씨는 인터뷰를 하는 동안에 자신의 생각을 부드럽게 표현하였지만 앞으로 전개될 자이니치 사회에 대해서는 진지하게 답변하기도 하였다. 다만 일본에 오래 살았던 관계로 발음이 정확하지 않아 인터뷰에 조금 어려움이 있었다.

■ 구술 내용

해방 후 일본에서 출생

Q : 원래 여기 쭉 오래 사신 겁니까?

A : 저는 해방 후 여기서 태어나고 66년간 살아온 2세입니다. 제 경력
은 일본에서 태어나고 도쿄 제7초급학교를 입학하여 도쿄중고 사
범과를 졸업하였습니다. 주로 교원 8년 시나가와(品川)상공회 부
회장, 재일본조선인 도쿄바둑협회 이사장, 중앙바둑협회 부회장,
현재는 고려기도협회 이사장을 하고, 직업은 부동산입니다.

Q : 아, 예 사범과를 나오셨네요?

A : 예, 교육하는 교원 만드는 사범학교입니다. 이 당시는 총련[1]이 상
승기였으니 많은 교원 직업일군이 필요했어요. 그래서 맨 처음에
배치된 장소가 나기태[2] 선생이 사는 도쿄 에다가와(枝川) 제2 초·
중급학교입니다. 자신이 남을 가르칠만하지 않고 교육방향도 좋
지 않으니까 그만두고 소상인으로 장사하여 생활기반을 안착시켰
습니다.
생활이 안착되고 한 숨 돌리고 있을 때 총련 조직에서 시나가와
상공회를 재건해주라 등 도쿄바둑회를 만들어 주라는 청이 왔어
요. 좀 제가 부지런히 깨끗이 사업하면 총련 내에서도 적어도 사
는 지역만이라도 좋아진다고 생각했는데… 이북에도 그래서 나갔
습니다.

Q : 어린 시절부터 말씀해 주십시오, 그리고 바둑을 통해 남북화해를

---

[1] 재일조선인총연맹.
[2] 현재 재일한인역사자료관 연구원으로 활동하고 있다.

시도한 것도 말씀해주시기 바랍니다.

A : 우리는 여기서 태어난 해방 2세입니다만, 그 당시 해방된 기쁨을 안고 자기 고향 고국으로 돌아간다는 그러한 분위기 밑에서 45년 이후 300여 개의 서당(寺子屋)이랄까 학교랄까 조선말을 가르치는 곳을 조작적으로가 아니라 여러 지역에서 자연 발생적으로 300여 개나 생겼습니다. 아이들에게 한국말을 가르치고 조선말을 가르치고 그래서 고국으로 돌아간다는 방향 밑에서 서당(寺子屋, 사당, 절간)식으로 여러 학습서를 세웠습니다.

그런데 조금 시간이 지나가니까 조국국토의 정세가 이상하다하여 좀 멈추자고 했어요.

45년부터 50년대 중반기까지는 조련, 민전시기인데 동포들이 물도, 고기도, 쌀도, 지식도, 힘도 서로 나누는 좋은 시기였고 교육에 대한 열의는 대단히 높았습니다.

자기들이 일제시기 교육 못 받았으니 교육 학교에 대한 기대 관심으로 기부는 많았습니다. 빚을 지더라도 어떤 희생이 있어도 학교에 기부했어요.

학교를 중심으로 재일동포 사회 구조가 형성되어 나가고 동포교류가 생겼어요. 이 시기는 동포들이 약동적이고 어디나가 조선 사람은 눈에 띠게 되어 있어요. 50년대 후반부터 한덕수 일파가 이북과 결탁하여 학교를 조총련에 이전하도록 여러 가지 정치적으로 압력을 가하여 결국 조총련 산하에 놓여 버렸어요. 학교가 그러니까 그렇게 되면 민족교육을 한다했는데 선생님들도 아시다시피 민족교육이란 민족의 공통성과 과학지식을 가르치는 것이 민족교육이라고 생각합니다.

솔직히 말씀드리지만 김일성 장군이라고 해서 그 정도는 좋았어요. 장군 정도는. 그것이 점점 달라졌어. 달라진 것은 교육은 유치원으로부터 대학에 이르기까지 공산주의 교육을 해야 한다는 것입니다. 이를 수령의 4·25교시라 합니다. 전국 교육 간부들 300여 명을 여름방학에 중앙학원에 수집하여 강요해서요. 간부교육 강습회라 하여 저도 1차부터 3차까지 참가했어요. 이때 호령진 것이 악명 높은 자 김병식이고 그 졸개가 이말상입니다.

Q : 그럼 선생님은 무엇을 가르치셨나요?
A : 무엇을 가르쳤는가? 초급부는 음악 수업 이외 다 받아야 합니다. 도쿄 중고 사범과 출신자는 초급부만 가르칠 수 있어요. 조대 사대반은 중등부, 조대 교대반은 고급부를 가르칠 수 있습니다.

조련계 학교에서 교사로
Q : 그러면 선생님은 중등에서는
A : 중등에서는 역사를 맡았는데 제약이 많았습니다.
무슨 말인가 하면 제일 기억에 생생하게 남는 것은 조선전쟁(6·25)[3]의 원인과 그래서 정당성을 내야 되죠. 이것이 항상 걸립니다. 제일 머리가 아픈 것은 김일성 혁명 활동 수업이었어요.

Q : 그러면 선생님은 북한이 당시에 가르치라고 한 내용에 대하여 생각이 다르셨던 거세요.
A : 많이 달라요. 사실하고 다르니까.

Q : 어떻게
A : 결국 전쟁은 하루아침에 되는 것이 아이지 않습니까? 준비를 하다

[3] 1950년 6월 25일 일어난 전쟁.

가 그래서 전쟁을 하는데 갑자기 공격을 받으면 일시 어떻게 됩니
다. 준비한 쪽 아무튼 준비하지 않은 쪽 하고는 어떻게 되는가 역
사를 공부한 사람은 알지요, 어떤 경우라도 반격은 한다고 보나
침략해온 쪽 영토 깊이까지 단순간에 갈 수는 없지요. 이북 교수
안은 전쟁발생원인은 이남이고 자기들은 향토를 지키는 정의의
전쟁이라 하지요. 사실과 다르지요. 1960년대 후반부터 수업에 혁
명 활동이라는 과목이 새로 나왔어요. 김일성은 민족의 태양이고,
우리 민족의 어버이시며 세계 최고의 영도자라고 하는 수업입니
다. 학생과 교원은 제일 싫어하는 교과입니다.

Q : 그러면 중등학교 선생님을 1960년대 말에 하셨나요?
A : 그러니까 5년 정도 초급학교, 그리고 3년간 중학교 중등부를 맡았
습니다.

Q : 그러면 1969년에서 1972년까지 하신 거세요? 7·4공동성명까지.
A : 그 직전에 그만했어요. 그래서 이야기가 나온 김에 전체적으로 이
북 이남이 손을 잡아나간다는 성명정신에 따라서 일본에서도 민
단 조총련이 한자리에서 바둑을 둔다는 것이 고려기도협회 결성
입니다. 이 당시 서로가 자리를 같이 한다는 것은 생각 못하는 일
이었습니다.
민단 사람들은 이남정부의 방침으로 움직이고 조총련 사람들은
이북정부의 지시로 움직였으니 항상 모습이 격화되어 충돌이었습
니다. 사이좋게 바둑을 둔다는 것은 양쪽의 관심사였습니다. 단순
한 바둑이지만…

Q : 40년 전이니까 2013 지금부터 1973년이 되는 겁니까? 아～그러시

면서 선생님은 중등교사를 그만두고 거의 바로?

A : 아니 저는 바둑을 그 당시 둘 줄 몰랐으니 려행예약 등 어르신들의 대리한 것 뿐입니다. 민단, 조총련 일세들이 바둑을 즐겼어요. 우리 부친도 상당히 좋아하는 모습이 기억납니다. 저도 그게 두러갈 수 있으면 이란 관심이 생겨서 바둑을 배워 25년 전부터 적극적으로 참가하였습니다.

Q : 제가 개인적인 것도 되고 저희 사업과 관련된 것도, 중급학교 선생님하실 때 역사를 가르치실 때 교과서는 학우서방 거 쓰셨습니까?

A : 예, 학우서방입니다.

Q : 그러면 북한 책하고 내용이 좀 달랐어요.

A : 아니요, 학우서방이란 것은 일본에서 작성한 내용을 북한에서 검사 받아 시정해 온 내용으로 됩니다. 예를 들면 만경봉호는 재일동포들의 기부로 만든 배입니다만, 교과서에서는 우리나라 이북에서 만든 세계 최고의 배입니다 라고 하여 교과서에 나옵니다.

총련계 학교 그만두다

Q : 그러니까 북한 책은 완전히 똑 같지는 않고 조금 다르게 해서 쓴 걸로 쓰셨군요?

A : 일본 사정에 따라서

Q : 선생님 그때 쓰시던 책들이랑 교재를 갖고 계세요, 혹시?

A : 없어요, 그거 다 던져버렸어요? 집을 다시 세울 때 버렸어요. 책, 교재는 내용은 없지만 지금 있으면 연구 자료로서는… 그래서 지

금은 아파트를 짓고 친타이업[4]을 하고 있습니다.

Q : 예?

A : '친타이'는 임대라는 말입니다. 지금은 방을 빌려주고 그렇게 되니까 좀 시간이 있습니다. 할 일은 해야 되겠습니다만, 그러니까 제가 말씀드리고 싶은 것은 이북의 악영향을 크게 받아 결국 재일조선인 사회구조가 성립 안 되게 되었어요. 조총련 초기 간부 현재 간부들은 귀국선 사업을 옳게 총화해야 해요. 꿈에도 그리운 고국으로 돌아간 초시기 귀국자들은 청진항에 도착하자마자 속았다고 절대 돌아오지 말라고 편지가 왔어요. 이북이 이 시기는 편지를 철저히 점검 못한 시기였어요. 그러니 이북에 돌아간 사람들로부터 그대로 고통이 전해 왔어요. 그런데 총련 간부 관계자들은 귀국선 사업을 중단 안 했어요. 죄가 많습니다. 재일 60만 중 10여만 명이 귀국하니 이북에 대한 불만도 있었고 손도 끊지 못하고 이북 친척 가족들이 버림 받을까봐 입을 다물게 되었어요. 재일동포들의 또 하나의 고통의 길을 걷게 되었어요.

귀국선이 들어온 후 제1 만경호부터 조총련의 인사권은 완전히 이북에 넘어 갔어요. 재일동포 재산을 이북에 움직이는 수단으로도 되었어요.

출세욕이 강한 간부들은 후지미죠(富士見町, 총련중앙회관)가 아니라 평양(당)을 바라보게 되었어요.

재일동포들이 기부한 배가 재일동포들의 재산을 착취하는 수단이 된다니까?…

이북 당국은 국적을 한국국적으로 바꾸지 않도록 귀국자를 통하

---

[4] ちんたい(賃貸). 친타이는 부동산 임대업이다.

여 일본에 있는 가족들을 한국국적으로 바꾸지 못하게 압력을 가했어요.

가족애라는 것 간단한 것 아닙니다. 오랫동안 바라던 한국국적 고향국적을 작년에 받았습니다. 저는 총련에 속하고 있을 때 비교적으로 하고 싶은 말 해 왔다고 생각합니다.

친구들은 나에게 자네는 이북에 형제가 있는데 위험하지 않는가 라고 말 받은 일이 있어요. 중앙바둑회 리사장이 찾아와 조직은 평양에 보고 안하고 있다고 위협하러 왔어요. 저는 이 자와 동급 이지만 너는 누구 편에 서 있냐고 나무랐어요. 이 자는 누구라도 들어올 수 있는 고려기도협회에 출입금지 했어요.

조총련은 결성 당시부터 오래 강한 조직입니다. 이 관계자와 싸우는 것은 참 힘듭니다.

총련 동포들은 시야가 좁은지 썩었는지 멍청한지 총련에서 말하면 왜인지 확인 안 하고 믿어 버려요. 총련에서 들은 것을 맹목적으로 그냥 이야기하니 참 이상해요. 앵무새 같이…

재일동포들은 총련이 권리옹호단체라고 유일하다고 믿고 있었는데 이제 늦어요. 만사지탄이요. 일반 동포들은 뒤에 있는 비밀지하조직 학습조 존재를 몰라요. 이 자들은 중요한 국면 문제가 있을 때는 김일성 원수 혁명 활동 연구실에서 모임을 가집니다.

저도 교원할 때 지부조직부장이 와서 당에 입당할 수 있으니 연구실에서 맹세문을 준비하러 오라고 합니다. 그 날은 수업을 포기하여, 학생이 수업을 포기 하지만 선생님이 수업을 포기한다는 것은 아주 우스운 일이요. 야마나시현(山梨県) 가와구지고(川口湖)에 이틀간 혼자서 빙 돌고 돌아오니 너는 사상이 약하니 조에는 못 들어간다 하니 잘 되었어요.

구쾌만 회장이 바둑을 통하여 38선을 없애는 도움이 되자고 하니

나는 부회장으로 성의껏 도와주었어요. 단순히 바둑이라 하지만 이북에는 생각보다 큰 영향을 주었다고 생각해요. 이북은 우를 설득하면 빨라요. 전국소년바둑대회, 맹수전, 구락부 바둑대회, 전국바둑경기대회 대번에 움직여요. 이 사진 보세요. 이북 최은화가 요코하마(横浜) 상철(相鉄) 철도(鉄道)세계아마여성바둑대회 후 도쿄(東京) 우에노(上野) 동물원을 구경한 사진입니다. 이 사진은 은화가 19살이라고 생각합니다만, 문영삼 선수라고 세계 베야(남녀 한 명씩)세계대회에서 3위 하였어요. 그 다음해 다른 베야 선수가 와서 남녀 한 짝으로 되어 번갈아 바둑두는 대회에서 1등 했어요. 이북은 국내적으로도 국외적으로도 성장했어.

백단소옥 직접 건축

Q : 여기 지금 바둑 두는 곳을 백단소옥(百段小屋)이라 하는데, 이 걸 지으실 때 한국식으로 지으신 겁니까? 일본식으로 지으신 겁니까?

A : 나는 건축학을 공부 안 했으니까, 건축가는 아닙니다. 이북에 간 형은 건축가입니다. 설계도도 없이 그냥 그냥 그때 그때 생각나는 대로요. 나는 건축업자에게 건물은 주문한 일은 있습니다만 어릴 때부터 자기 뜻대로 산속에나 소옥 같은 것을 자기의 힘만으로 짓고 싶다는 주관적인 욕망을 가지고 있었지요. 그런데 이제 나이가 58이 되어 60살 이전에 별장이란 소옥을 지어 보겠다는 것이 자기가 한 결심이었습니다. 건축업자한테 부탁하면 간단하는데 마침 자기는 당뇨병에 걸렸으니 자기가 혼자 건축해 나가면 싫어도 몸을 움직이는 리하비리5)가 된다고 생각하여 1년 4개월 생각나는 대로 해 보았습니다.

---

5) リハビリテーション. 신체나 정신 장애인 또는 병의 후유증이 있는 자를 대상으로 기능 회복과 사회 복귀를 위하여 행하는 종합적인 치료와 훈련.

구술자의 바둑공간인 백단소옥 현판

나무를 목재집에 사러 가는 것도 참 재미있었습니다. 일본은 나무
유통 관계는 복잡해요. 일본에서는 20여 년 전 국내 나무 재목을
비싸게 팔았어요. 돈 든다 하여 주택건설에 나무를 안 쓰는 경향
이 생겼어요. 어디가나 목재집에서는 좋은 나무가 남아 있어요.
교섭만 잘 하면 싸게 살 수 있어요. 대목집은 팔고 싶어 하고 있
어요. 서서히 구경만 하고 있으면 그 쪽에서 사주라고 오니 기다
리면 됩니다.

혼자서 고민하면서 대들보(梁)는 어떻게 올릴까 어떻게 올라갈까
이리저리 생각해서 무거운 나무를 처음은 무서워하면서도 올리니
참 기분 좋아요.

하나 자기 힘으로 올리니 신나고 재미 생겨요. 저는 항상 한 번은
구부러지지 않은 나무판으로만 작은 집이라도 짓고 싶다는 생각
을 품고 있었어요. 일본말로 디히고 오도시(人妓落し)[6]라고 합니
다만, 둥글게 구부러진 대들보(梁)를 위에서 벽 양 쪽에 내리는 것

---

6) おとし(落とし). 떨어뜨림, 빠뜨림, 덫.

을 말합니다. 이 순간이 아주 좋아요. 생나무를 말려가지고 깎아 가지고 하는 일은 수공업적이었으나 재미있지 않습니까? 나무를 만지고 있으면 기운을 받아요. 참 힘들지만 힘들다는 생각은 없습니다. 할 일은 태산 같이 있으니 하나하나 하는 것이 좋았어요. 저는 성급한 성격이니…

Q : 재능이 좀 있으셨네요.

A : 아니요. 재능 없어요. 재능은 없는데 해 보면 모양이 돼요. 재일동포들은 일본 도시에서는 마음을 안착시키는 장소, 모임이란 여유가 없습니다. 재일동포들은 아직도 부평이요 무엇하고 근거지가 필요합니다. 여기 와서 고민 있을 때 스트레스가 있을 때 한국 민족음악 듣고 용기도 받고 슬플 때도 좋을 때도 가끔 혼자 와 가지고 고민도 풀고 자기를 점검하고… 여러분들 같이 그렇게 활동은 못 해요.

그러나 우리는 어디에도 의존 안 하고 있습니다. 어느 조직에도 안 들어가고 누구 지시도 안 받고 자유로이 해 보자고… 그러니까 호화롭고 재미있고 웃음꽃이 피어있지 않습니까.

입춘(立春) 날에는 20명 정도 반드시 바둑 모임을 가집니다. 최근에는 일본 바둑애호가들과 정기적으로 교류친선 시합도 하고 일본 사회인 전국대회 단체전에 나가 입선도 하게 되었어요. 그러니까 제가 이 기회에 바라고 있는 것은 아무래도 동포 사는 지역이라든가 사회관계 연계구조란 것이 무너졌어요.

그래서 제일 고민하고 있는 것은 우리 3세 4세들의 남녀 85% 이상이 외국 사람하고 결혼합니다. 국제결혼이 나쁜 것은 아니지만 너무나 창피합니다. 결국 지식도 있고 재산도 있고 면모도 좋은데 시집 못 가는 아가씨라든가 처녀라든가 처녀라 합니까? 처녀분들이 결혼 못 합니다. 총각들도 생활력이 없으니 물러서 버려요.

Q : 차별이라든가 그런 것 없었습니까?

A : 차별은 물론 지역에 다르지만 있었습니다. 고립되어 있는 사람들
은 차별 받았습니다. 산골이랑 농촌은 더 합니다. 동포가 뭉쳐있
는 데는 반대로 우리가 차별해요.

Q : 아, 어떤 식으로요.

A : 어떤 식으로 하면은 우리 사람들이 있는 데는 지지 않았어요. 세
금도 일시 안 내고 받으러 오면 너희들 해방 전 "못해! 나!" 하고
세금을 물지 않는 동포도 많았고 몇백 명의 세금을 한 번에 얼마
하여 단체교섭은 조선 사람이 강해요. 이 당시 일본도 전후이니
아이를 낳으라 키우라 라는 시기입니다. 동포가족들도 한 집 5~7
명쯤 아이들이 있어 사람이 많았어요. 물도 고기도 힘도 나눈 단
결기라고 말할 수 있어요.

나라가 있는가 없는가는 해외동포들에게 있어서는 입장이 크게
다르지요. 그러니까 해방 전에는 많은 차별을 받았다고 들었어요.
그런데 해방 후에는 우리가 강했다고, 1년쯤은 경찰이 아니라 일
본에서는 조선 사람들이 사회질서를 유지했다고. 경찰도 아니고
그러니까 신바시(新橋)⁷⁾ 경찰서 1층은 조선 사람이 사용하고 2층
이 일본 경찰이 사용했어요. 깡패 우두머리들은 대부분 조선 사람
들이요, 우리 조선 사람들은 이론이 아니라 자기 몸으로, 감각으
로 살아 왔어요. 곤란할 때는 자연적으로 뭉치니까 강해요. 이런
사회적 혼란기는 아무것도 없었으니 무서운, 뭐랄까, 뒷일이라 할

---

7) 東京都 港区 汐留川에 있었던 다리, 또는 新橋駅을 중심으로 하는 港区 북동부의
지구, 구 新橋駅은 일본 최초의 철도 시발역.

까 불법적인 일도 눈치 빨리 했어요. 일본 사람들도 경제 유통이
안 되어 있는 시기이니 암시장이 물품들을 제공하는 장소였어요.
일본 사람들은 촌에서 아주마이[8]들이 지게 들고 암쌀이란 개인적
으로 운반해오니 경찰들한테 역이나 전차 안에서 잡혀요.

우리 조선 사람들의 꾀가 좋으니까 기관차 운전수를 매수해 가지
고 화물전차 석탄 안에다가 다 묻어 숨기고 오니까 발각 안돼요.
역이 아니라 차고(車庫)에 들어간 후 암물품[9]을 내렸어요. 그래서
많이 돈 모이고 협동조합, 학교 등 세우는 자금으로 했어요. 총련
이 학교 신용조합 협동조합을 세운 것 아니요. 동포들이 엿, 술,
암물품, 탁배기, 품팔이란 돈으로 각 기관용 만들었어요.

Q : 해방 때는 여기 조선인들이 많이 거주를 했었나요.
A : 일본에서는 300만 명 있었어요.

Q : 이 근방에서는요?
A : 이 근방 비교적 많아요. 인원은 모르지만 일본 국토는 강물을 잘
　　이용하여 물자를 운반하는 수로가 잘 돼 있습니다. 바닷가 강가이
　　니 사람들이 인력으로 물자를 내리고 배 위에 올리는 것이 하루
　　노동이니 딴 장소보다 동포가 약간 많았습니다.

Q : 해방 맞고 나서 경험했던 것이라든가 이런 것을 말씀해 주세요.
A : 해방 맞고 나서 무슨 경험이 좋을까요?

---

8) 아줌마, 아주머니.
9) 암시장에서 팔고 사고하는 물건.

탁배기[10)]로 자라

Q : 그러니까 일본이 중심이 되었던 것들이 바뀌어야 되잖아요. 그런 사회라든가 당시 조선인들이 가지고 있었던 선생님의 경험이요?

A : 재일동포들이 빨리 장사하고 밑천 없이 버릴 수 있는 것은 탁배기, 불고기 장사였지요. 일본은 45년 후 서양식 동양식 문화가 동시에 들어 왔어요. 서양식 식료품 등 햄버거, 스테이크 등은 먹는 방법이 일본사람에게는 맞지 않았어요. 이 당시 일본은 소, 돼지의 내장은 먹지 않고 던지고 있었어요. 우리 동포 아주머니들이 던지는 내장을 양념, 된장으로 뭉쳐 숯불로 구어 싸게 암시장, 주막에서 판 것이 불고기 시작입니다. 불고기는 한국이 원조가 아니라 일본 암시장입니다. 싸고 맛있고 힘도 나오고 간단히 먹을 수 있었으니 서양음식 보다 먼저 일본 사람들 속에 깊이 받아 들였어요. 조선 사람이 일본사회에 이바지했다면 맨 먼저 식생활 문화에 많은 도움을 주었다고 말할 수 있어요.

탁배기는 밀주이지만 광범한 일본 사람들이 즐겨 많이 마셨어요. 우리 집에서 5평가량의 점방이지만 9년간 우리 부모는 하루도 쉬지 못하고 탁배기 장사를 했어요. 일본은 이 당시 돈 있는 부자를 백만장자(百萬長者)라 했어요. 돈 100만 원 있으면 큰 부자란 말입니다. 제가 소학교 5학년 때는 집에 돌아오니 둥글한 밥상 둘레에 부모 등 6명의 어른들이 산더미 같은 돈을 세고 있었어요. 나중에 어머니한테 물어보니 400만 원으로 뒷집을 샀다고 합니다. 불법장사이고 경찰도 보험소도 검거하러 오다보니까 동포들은 대략 이 장사를 한 경험자입니다.

---

10) 막걸리.

Q : 탁배기가 무엇인지 설명해주시지요?

A : 막걸리 그것이 탁배기라 하지요. 어느 집에서도 그랬어요. 다 그
랬어요. 어느 집도 지붕 안에 다가 밀주 장소였어요. 하도 경찰이
수색하러 오니 하네다[11]에 있는 철창 안에 밀주공장을 만들었어
요. 오래 이 장사가 잘되니 경찰의 검거도 강해지고 마지막에는
탁배기 장사는 안 되게 되었어요. 우리들은 탁배기, 불고기 장사
로 자랐습니다.

Q : 그러니까 막걸리가 역사가 있는 거네요.

A : 일본이 그냥 있지는 않지요. 탁배기 장사의 전성기는 10년쯤 있어
요. 탁배기에서 번 돈이 기업, 돈 장사 등의 밑천이 되었어요.

형제들 북송선 올라

Q : 아까 형님 이야기 조금 하셨잖아요. 그걸 친구들도 북한 많이 가
고 형제 중에서 어떻게 됩니까?

A : 음, 형제가 7명 있는데, 남자가 4명, 여자가 3명 중 둘째, 셋째 형,
둘째 누나 돌아가고 제가 막내이니까. 둘째 누님이 남편이 성격이
칼칼한 사람인데 가만히 있으면 되는데 이야기가 다르지 않는가
고 김일성 초상화를 발로 차 버린 모양이라. 이북에서는 초상화를
그리 한다는 것은 사람을 죽이는 것보다도 죄가 많다고 합니다.
본인 가족 다 산속에 잡혀갔는데 부친의 힘으로 한 번은 내었는데
다시 정치수용소 거기 들어가면 절대 못 나와요.
이북에서는 먹지 못 한다는 소리내면… 정치적 비판을 하면 다 잡
혀가요. 제가 이북에 갈 때마다 그 후 어떻게 되었는가 물어보니

---

11) 羽田. 東京都 大田区 동쪽 끝 多摩川의 하구 좌안 지구.

그 이야기는 말자고… 그러니까 벌써 죽었다고 생각해요.

Q : 그러니까 언제 간 거죠? 이렇게 세 분이 간 거예요.
A : 아니요. 하나는 6선 제가 중등부 2학년 때인가, 그게 13살이니까
1959년도? 54년에 6선[12]으로 돌아갔어요. 귀국선은 처음 1선에 약
1천쯤이었다고 생각해요. 우리 부모는, 귀국한다면 부모와 아들의
연을 끊자고 했는데 그래도 가버렸어요. 그러니까 하나 돌아가니
우리 6명이 형제가 남았잖아요. 우리 아버지는 그렇게 말하면서
도 돌아간 둘째 아들이 섭섭하게 여길 것이라고 생각하여 그래서
세 번째 형을 귀국 시켰어요. 둘째 누님은 시집가고 남편과 귀국
했어요. 맨 처음에 약간 대우가 좋았던 모양이에요. 맨 처음 조금
만 대우가 좋았다고 들었어요.

Q : 그래서 조금 소식을 알고 물건도 보내고 그랬습니까.
A : 많이 보냈어요. 그러니까 재일동포 중 귀국자 가족은 부담이 생겼
어요.

아버지는 조총련에서 활동
Q : 아버님이 그러면 조련에서도 활동을 좀 하신 편인가요.
A : 쭉 했지요. 조련 민전 총련 40여 년가량 분회장이고 후에 알았는
데 지역조장이었어요. 그러니까 내가 한국 땅을 밟지 못 했어요.
나는 30여 년 전에 국적을 바꾸어 가지고 한국에 가고 싶다고 했
는데 제가 교원으로 나갔을 때 우리 부친이 이런 말씀을 했어요.
조총련에 들어가도 조선에는 절대로 들어가면 안 된다고 했어요.

12) 여섯 번째로 출항한 귀국선.

너는 건축기술자가 되는 것이 좋은데…

Q : 아버지 덕분은 아니고요?

A : 아니 아니 그러니까 그 조직에 안 들어간 것은 먼저 그 조직에 들어있는 사람들의 언동을 보면 매력을 느끼지 않아요. 여기에 들어간 사람들은 상부조직 이북당국에는 아부아첨해요. 학습조에 들어간 성원들은 희생자이지만 결국 동포들에 해를 끼친 가해자요. 해외공민의 모범이여 찬양하고 가치 없는 훈장주고 재일조선인의 재산을 얼마나 가져갔다고 너무 재일동포 상공인들의 재산이 이북에 가져가니 이북은 얼마라도 돈이 들어온다고 생각했죠. 몇 만 안 되는 재일조선인들이 이북을 도왔어요. 재일조선인 총련과 동포들의 재산은 말랐어요.

Q : 다 여기서 지원해서 만들었나요?

A : 해방 후 이북을 지원해 준 나라는 없어요. 이북은 그 영감이 국민들이 사이다를 마시고 싶다 하니까 그 공장하고 자금을 누가 내었습니까? 이북 때문이라면 왜 새 민주조선을 만들겠다고 하니 재일동포들은 무릅쓰고 우선적으로 희생하면서라도 기부하고 선전적인 물품을 보냈지요. 이 순한 그 맘을 이북 당국자들은 상당히 깨뜨렸어요. 동포들 속에서 전후 15년 이후 많은 기업가 상공인 좀 돈을 번 사람이 나왔어요. 이북과 조총련은 낚시질로 큰 고기를 잡는 것을 일본말로 '잇본즈리(一本釣り)'라 하여 큰 상공인을 하나씩 낚았어요. 이북에 불러 표창하고 구름위에 올라가듯이 착오시켜 재산을 기부시켰어요. 일본 조선동포들이 경기가 아주 좋았어요. 그러니 한국에서도 많은 밀항자가 일본에 왔어요.

Q : 혹시 오무라(大村)수용소13)에 대하여 이야기 하실 것은 없는지요.
A : 학생 밀항자는 잡히지 않도록 학교 기숙사에 들어갑니다. 살 길을 찾아서 일해 온 분들은 그 직장에서 숨어서 일하고 밖에 나가지 않아서 제가 초등학교 시기 학교에서 돌아오면 한국여성들이 낭좌14)에서 몸을 닦고 있어. 근방에 목욕 장소는 있는데 왜 목욕에 안 가는가 어릴 때이니 그 영문을 몰랐어요. 오무라 수용소에서 밀항자를 부산에 강제 송환합니다. 언제인가 송환자 400여 명을 송환했는데 한국적이 100여 명을 받지 않고 다시 오무라 수용소에 수용한 사건이 있었어요. 교포, 동포들은 어떻게 수용소 사람을 구원해야 한다고 도쿄에서 나가사키(長崎)까지는 아주 많이 면회 가고 애를 먹고 있었어요.

일본식 이름 써 본 적 없어
Q : 네, 한 오십 되었습니다.
A : 오십이요? 자라나는 당시는 한국이 여러 가지 어려웠지요.
이북은 국민들이 천리마라고 질풍같이 달리고 잘 산다고, 좋은 사진만 보여주고 항상 좋다좋다 하니 이북이 고향인데 이북이 고향같이 느낀 시기가 있었어요. 다 속아 넘어갔는데… 다 속았지요. 헐벗고 굶주리고 짓밟힌 한국동포 몫까지 노력하여 한국을 해방하여 동포애로 맞이하자고 했지요. 한국 친척에 오래 우리 집에서

---

13) 일본 법무성이 강제 퇴거하는 외국인을 임시적으로 관리하는 시설. 한국전쟁 직후 한반도에서 일본으로 밀항자가 속출하는 가운데 일본정부는 이들을 관리하고 수용하기 위해 1950년 10월 나가사키현(長崎縣) 하리오(針尾)에 수용소를 설치했다. 이어 그해 12월 오무라에 수용소가 설치되어 하리오 수용소의 기능이 이곳으로 이전되었다. 1993년 오무라 수용소의 명칭이 오무라 입국관리센터로 변경되었고 오늘날까지 계속 이어지고 있다.
14) 목욕통을 일컬음.

돈 보내고 있었어요. 그 당시는 한국이 지역이고 이북이 지상낙원
이라고 생각하고 있었어요. 그래서 그 당시 동포들은 자기를 조선
사람이라 했지 한국 사람이라고 안 했어요. 지금은 반대이지만.
조선 사람이 일본에서 일하고 장사하지만, 일본인으로 보이고 일
본성으로 해야 할 입장에 선 사람도 많지요. 의사를 하는 사람은
귀화자가 많고 일본 사회에 취직하면 귀화하라고 말 받는 일도 있
습니다. 저는 '우'라 했으니 중국 사람이라고 말 받는 일이 많아요.

Q : 그러면 한 번도 안 쓰셨는지요?
A : 저는 다행이 안 썼어요.

Q : 바둑하는 사람하고 교류에 대하여 여러 가지 말씀해 주세요. 아까
　　최은화 아이를 어떤 식으로 발굴하고 지금 북한에서는 영재아이
　　들을 바둑을 가르치는 시스템이 있는지요?
A : 이것은 최은화 문제는 우선 이북은 "바둑은 양반 노릇입니다" 하
　　여 수령이 교시니 오래 금지 되어 있었습니다. 최은화는 교토(京
　　都)에서 귀국한 귀국자 손자입니다. 할아버지가 살짝 가르쳤어요.
　　초기 세계 바둑대표는 재일동포 선수가 대신했어요. 이북 대표 대
　　신으로 시합에 나간 것은 고려바둑협회 지금 회장인 홍휘덕 씨가
　　나가 세계 7등, 그 후 이북에서 처음으로 최은화가 여성대회에서
　　8등 했지요. 이북은 세계라고 불리면 무엇이라도 아주 좋아해요.
　　이런 소식은 일금 이금 귀에서 들어가요. 김일성, 김정일에 재일
　　바둑애호가가 좋은 바둑판 두 판을 선물로 보냈어요. 이북에 바둑
　　을 하도록 도쿄, 오사카, 경도 등에서 일본 전문가 조선인 전문가
　　를 재일 바둑애호가들이 데리고 갔어요. 이때 구쾌만 씨가 큰 역
　　할을 했어요.

구술하는 우부웅 선생

Q : 잠시만요. 그럼 이 사람이 중앙바둑회 회장님이 구쾌만 씨이고, 고
려부회장이기도 하고요. 그런 나중에 혹시 고려기도협회 간부 조
금 알려주실 수 있습니까?

A : 예예, 초기 회장은 방원중 씨이고 구쾌만 씨가 부회장입니다. 아
까 이야기를 계속 합니다, 최은화는 머리도 좋고 8살 때 요코하마
(橫浜) 사가미(相模) 소우테쯔(相鉄) 철도(鉄道)세계여성아마대회
후 우에노(上野)동물원에서 저하고 구경한 사진입니다.

Q : 8살 때 일본에 왔어요? 북한에서 태어난 아이 아닙니까?

A : 요코하마 사가미(相模)대회에 참가했는데 그때 이 아이가 8살 8등
을 했어요. 이북은 세계에서 이기면 많은 표창을 받을 수 있어요.
그래서 8살짜리가 돈도 안 들고 이북의 이름을 높이니 평양 간부

들이 좋아했어요. 그래서 함흥에 사는 가족친척 40여 명가량이 평양에서 살게 되었어요. 한 달 후 제가 평양의 고려호텔에서 보아 만나 사실을 알았어요.

Q : 그게 언제요?

A : 1997년 11월 7일, 이 시기 이북에서는 바둑을 자기 아이한테 어떻게 가르쳐 보자는 사회적 분위기가 나왔어요. 이북에서는 학생소년궁전이라는 곳에서 매해 설날에는 김일성과 함께 아이들과 설맞이 모임을 가지는 것이 관습이었습니다.

이 모임 전에 최은화와 문영삼이 바둑을 두고 있는 모습을 김일성한테 보였답니다.

바둑을 보면서 "옛날에는 양반이 두고 일반 인민은 두지 못했다, 또 바둑은 옛날에는 방귀"라고도 말했답니다. 이 아이를 잘 키워 세계무대를 보내라고 말했답니다. 학생들 속에서는 바둑을 상당히 빠른 시기에 보급되었어요.

북한 출신 바둑선수 지원

Q : 엄청 많이 안 들죠.

A : 바둑은 그렇게 돈 들지 않습니다. 중국에 9명을 1년 동안 보내었는데 중국에서 받아들이는 태세가 안 되어 싼 호텔에서 고생하였다고 들었어요. 한 달에 일본에서 50만씩 보내도 부족하니 더 달라고 이북 지도원이 요구가 있었어요.

세계 베야(남녀1조) 선수 우승도 이북이 할 수 있게 되었어요. 총련에서는 우승 보고를 해 주라고 구쾌만 씨한테 연락이 왔는데 쾌만 씨는 네가 나이 위인데 무엇 때문에 나가야 하는가 하길래 제가 대신으로 조선회관 7층 응접실에서 총련 의장 서만술 권순휘

등 7~8명의 간부하고 만났어요. 이북 선수 남녀 2명, 여성지도원
한 명 그 뒤에 수원이라 하여 붙어다니는 실제 책임(당)자… 제가
여성지도원에게 총련이 이 선수들이 일본에서 배우고 세계 나갈
수 있도록 많이 원조해 주라고 말해 보라고 했어요. 그 여성 지도
원은 그대로 요청하였어요. 그러니 서만술이 당간부가 이 자리에
가만히 감사하고 있다는 것을 누구보다 알고 있는 것이니까? 그
대답은 "당15)이 요구 한다면 뭐라도 하겠습니다"라는 모범대답을
했어요. 서만술이 바둑 3단 정도이고 어디 숨어서 언제나 바둑 두
고 있는 것 알아요. 보고 모임이 마치고 서만술하고 난하에서 만
나니 우부강, 조선회관 전기세도 치르지 못하고 있는데 누가 원조
돈을 내야 라요…

당 간부가 감시하고 있으면 모범대답을 하고 없는 데서는 불만을
내니 좀 양심이 있구나…

서만술은 김정일 불이여 이북에서 암행어사란 것 있다고 들었으
니 걱정인지… 대표 간부는 저한테 "선생님 섭섭합니다. 선물이
없습니다"고 말해 왔어요. 저는 바둑판 5판 밖에 선물로 주지 안
했어요.

Q : 그런데 이 중에서 이분들 중에서 총련 간부들도 있다고 말씀하셨
는데 선생님도 작년까지는 작년 이전에는 조선 국적이었다는데,
한국에 와서 이분들이 바둑도 두고 대회도 하고 그랬습니까? 총련
간부들이 기능했습니까?

A : 예. 그 말씀을 한다면 처음에 년대는 세계무역센터에 테러가 있던
해…

---

15) 조선노동당.

Q : 세계무역센터 테러요.

A : 예예 몇 년 전 12년 전 몇 년 전입니까? 그 일주일 후에 한국에 간거니까 왜 기억에 남는가 하면은 그때 김포 비행장에는 군인이 기관총을 가지고 어마어마했어요. 그때 우리는 재일본조선인 바둑단포단이란 이름으로 한국에 처음으로 갔습니다. 일본에 있는 한국 일등서기관 대사관 사람하고 총련 국적 사람도 한국에 자유로이 갈 수 있도록 대단히 노력해 주시었어요.

이 당시 한국에 방문하면 그 사람은 버림 받았어요. 바둑이지만 참 좋은 일을 할 수 있구만… 마음속에서 자부심을 간직했어요. 총련의 벽이 하나 크게 무너졌어요.

Q : 그 때가 아무래도 김대중 대통령 때였기 때문에

A : 아니요, 김대중 이후

구술하는 장면

처음으로 한국 방문

Q : 노무현 대통령. 그래서 조금 아무래도 자유로웠어요.

A : 김대중! 김대중 미안해요. 김대중 대통령 시기입니다. 그때 한화
갑 씨가 마중해줬으니까 그래서 김대중 대통령 시기였는데 받아
들이는 태세가 좋았어요. 한화갑 씨는 이 자리에서 이렇게 조총련
대표하고 명함 나누고 만나면 이전에는 안기부한테 잡혀가는데
이제 그런 일은 없습니다. 뒤 다루고 감시하는 것도 없습니다. 자
유로이 다니고 싶은데 가십시오 했어요. 밤에 제주도 가고 싶다하
니 아침에 준비되어 있어 제주도에 갔는데 제주도. 우리 배운 것
은 귤밖에 안되고 여성들이 바다 속에 들어가고 해산물 정도라고
들었어요. 제주도는 큰 도시였어요. 그런데 요즘 이명박 대통령은
조총련의 화석같은 머리가 탄탄한 놈들에게 한국에 못 다니도록
했다고 필요 없다고요. 국적을 바꾸지 못한 사연이 있어요. 이북
에 가족이 있는 사람은 멈추어요.

Q : 아까 조훈현 씨라든가 유명한 우리나라에서는 이창호 이런 사람
많이 유명한데

A : 한국 기원 김민 이사한테서 한국 기사 사정을 설명 받은 바가 있
어요.

Q : 나기태 선생님도 바둑하세요.

A : 나기태도 4단 정도 있어요.

Q : 어쨌든 좌우간 나기태 선생님을 조금 만나주면 좋겠다 하는데

A : 우리보다 더 똑똑한 사람들이 많이 있는데 그분들을 취재하면 좋
은데 우리는 뭐 제멋대로 살아왔습니다.

Q : 아 그래도 좋은 말씀을 많이 들었어요.

A : 아니 아니, 그래도 우리가 하니까 오해를 받을 수도 있고 전에는 조총련부터 반동이라 하여 공격받았습니다. 협박도 해 오고 그때는 젊었으니까 괜찮았는데 요새는 가끔씩 조심하고 있어요. 그래도 바둑을 하고 있으면 참 좋은 일이 생겨요. 바둑 두는 그 사람을 알고 배우고 60여 년 이상 만나지 못한 사람하고 우연히 만나요.

북한 수해 쌀 지원

Q : 근데 그분들이 한국에 갔다 오고 나서 생각들이 어떠신지요.

A : 한국 말입니까? 역시 뭐 좋은 가 봐. 공기 바람이지요. 이러한 바람은 일본에는 없어요. 물론 경치는 더 좋아요. 양친의 뼈가루를 고향 낙동강에 약간 뿌리니까 뭐 자기 책임을 하나 했다고 어깨가 가벼워졌어요. 한국에 다니게 되며 달라졌지요. 제일 달라진 것은 구쾌만 씨이지요. 이북의 열렬한 지지자 김일성의 신자 총련의 중앙위원이었어요. 고려기도협회는 바둑을 모이고 마치면 20~30명으로 식사하고 술 마시고 회원 상호 간의 교류를 합니다. 이때 주로 나오는 것은 이북, 총련에 대한 비판이 나오며 언제는 그런 말 말라고 가로막고 조직 옹호한 것은 구쾌만 씨하고 또 하나의 조총련 중앙위원 한갑성 씨였어요. 이북에는 많이 기부도 했어요. 중국에 9명 바둑 하러 이북 아이들을 보낸 비용은 주로 구쾌만 씨가 내었어요. 한국에 갔다 온 후 이북, 총련에 대하여 소극적으로 되었어요. 왜인지? 구쾌만 씨는 60여 년 만에 자기 고향에 혼자 태어난 경상남도 창원에 찾아 갔으나 걸, 면모가 달라지고 자기가 태어난 장소를 찾아내지 못했답니다. 할 수 없이 근방에서 화투(花札)를 즐기고 있는 노인들에게 "화투를 즐기고 있는데 미안하

지만 길 가르쳐주라"고 하니 돌아온 말이 "쾌만이 아니야!"하고 오랫동안 만나지 못했던 어릴 때 친구와 만났답니다. 동네에서 잔치를 차렸답니다. 이북 이남의 현실을 대비할 수 있었던 거지요. 이남 이북의 차는 너무 커요. 눈 봉사가 아니면 어느 쪽이 사람 사는 데요 이북은 먹지 못 해요. 하나 이북이야기 하지요. 제가 15년 전에 쌀 60톤 재일본조선인 시나가와 상공회 개별 대표단이란 이름으로 우리 상공회는 회장이 없고 제가 부회장이나 책임자였습니다. 이북에 대하여서는 의견이 있으나 수해나고 먹지 못 하면 안 되니 좀 가져가고 현실을 알고 그 후 더 많이 보낼 것인가 검토하는 지원 방문이었어요. 결론은 보내 보았자 안 된다는 것이고 보내면 당 간부 호주머니에 들어가요. 어느 당 간부가 저한테 이렇게 쌀 가져오면 안 됩니다. 원료, 판막, 종자를 가지고 오면은 몇십 배의 수확을 할 수 있다고 합니다. 이 나라는 땀을 흘리지 않으니 고생시켜야 합니다.

이북에도 이런 양심적인 간부가 있구나고 생각했어요. 우리 옆에 붙는 사람을 지도원이라 합니다. 그림자처럼 붙어 다녀요. 돈 바꾸러 오라면 말을 잘 들어요. 일본 돈을 1만 원 바꾼 돈으로 바꾸면 200원이 됩니다. 그러나 뒤에서 바꾸면 400원이 되니 1만 원에 200원씩 지도원의 주머니에 돌아가니 하루 종일 바꾸러 다닙니다. 이 지도원은 욕심이 강해서 자기 일을 못 해서요. 올 때 배로 왔지만 풍파에 만나 죽을 뻔 했으니 비행기로 돌아가니 수속을 해야 하는데 비행기 표만 사고 중국을 통행하는 허가를 받지 않고 있어요. 이북의 중국 대사관은 10시쯤에 열고 12시에는 문 닫아요. 중국통행허가를 받지 않았다고 안 것이 돌아갈 앞날 오후 5시쯤이요. 수속 못 하면 비행기는 일주일 기다려야 해요. 이 나라는 돈이 있으면 무엇이라도 되어 우리가 중국 대사관에 가도 상대 안 해주어요. 조선적 벤츠(고급 외국차)타는 여성한테 돈 주고 부탁하니 간단했어요.

저는 지도원이었을 때 혼자서 평양 뒤를 다녀보았습니다. 개별 대표단은 어디라도 갈 수 있어요. 묘향산 구경하다가 돌아올 길에 청천강 호텔에서 물오리바베[16]했는데 기름이 많아 저는 먹지 못해요. 차 운전수는 실컷 술도 마시고 있어요. 차 운전하는 사람이 술 마시니까 2~3시간 움직이지 않을 거라 생각해서 산보했어요. 발 먼데 검은 것이 좀 움직이니 무엇인지 20분 정도 걸어 가보니 소녀가 옷이 더럽고 손도 새까맣고 하나 좀 귀여워요. 제가 뭐하고 있는가 물었어요. "이삭을 줍고 있다"고 해요. 11월 8일인데 농사의 수확은 마쳤는데 이해 안 되니 주머니 속에 있는 것 보여주라고 했어요. 그러니 이 소녀는 얼굴이 붉게 되면서도 호주머니 안에 있는 마른 주름이 있는 콩을 20알 정도 두 손으로 공손히 냅니다. 수확할 때 땅에 떨어진 것이요. 학교도 안 가고 점심도 아마 먹지 않고 이 모양이니 참 슬펐어요. 이북 이남 양 현실을 보면 어느 쪽을 바랄까.

자이니치 민족교육에 힘써야

Q : 그럼 지금 현재는 뭐 민간도 그렇고 여기 고령화가 되어가고 있지 않습니까? 젊은 사람들은 서서히 그쪽 단체에서 빠져나가고 있고 그래서, 2세들 교육문제라든가 향후 진로가 상당히 걱정이 많이 되실 건데요. 앞으로 어떤 방향성을 가지고 생각을 하고 있습니까?

A : 이 질문은 아주 긴요하고 심각한 문제이니 어려워서 간단히 대답 못 합니다. 방향성은 학술적으로 심중히 연구를 깊이 해야 하겠습

---

16) 숯불로 오리를 구워 먹는 것.

니다. 말할 수 있는 것은 방치 못하는 중요성을 가지고 있습니다.
이제 그만하고 식사하러 가지요.

Q : 감사합니다.

김밥과 눈물로 쓴 쓰루하시(鶴橋)의 삶

- 이름 : 김성재
- 구술일자 : 2013년 2월 25일
- 구술장소 : 오사카 쓰루하시(鶴橋) 반도보리지(김성재 사장이 운영하는 식당)
- 구술시간 : 1시간
- 구술면담자 : 김인덕, 동선희
- 촬영 및 녹음 : 성주현

■ 김성재

김성재 사장은 자신의 약력이나 경력에 대해 밝히기를 꺼려하였다. 다만 인터뷰 과정에서 경남 충무에서 태어났음을 알 수 있었다. 1992년에 일본으로 이주하였으며, 선술집 등을 운영하였다가 김밥으로 성공하여 오사카 한인타운이라 할 수 있는 쓰루하시(鶴橋) 등에 3개의 체인점을 운영하고 있다. 그리고 반도보리지라는 한식당도 함께 운영하고 있다.

■ 인터뷰에 관해

김성재 사장과의 인터뷰는 어렵게 이루어졌다. 쓰루하시 일대를 촬영하던 중 반도보리지에서 식사를 하게 되었는데, 김밥으로 성공한 김성재 사장을 추천받았다. 처음에는 인터뷰를 한사코 거절하였으며, 두세 번의 설득을 한 끝에 마침내 인터뷰를 할 수 있었다. 인터뷰 중 지나온 날을 회상할 때는 눈물을 흘리기도 하였으며, 수많은 김밥을 싸느라고 손마디가 휘어져있었다.

■ 구술내용

일본에서 이자카야 운영

Q : 1992년도에 오셨는데, 그때는 어떤 비자로 오셨나요?

A : 관광비자입니다.

Q : 그때는 2주밖에 못 있으셨겠네요?

A : 2주일도 못 있었죠.

Q : 그러시고 나서 오래 계시게 된 것은 언제부터지요?

A : 그때 그렇게 다니다가 보니까, 너무 힘들고 고통스러워서 식구들
이 왔다 갔다 하는 비용이 마땅치 않잖아요? 그래서 제가 회사를
설립을 했죠, 올해가 5년째 접어들 거예요.

Q : 아, 회사를 만드셨어요? 그래서 이제 회사 비자로?

A : 네, 회사를 만들었죠.

Q : 1992년에 오셔서 이자카야(居酒屋)[1]하셨다구요?

A : 네. 가게를 하면서 그때는 좀 젊다보니까 손님들이 너무나 저질이
고, 이건 아니다 싶어서 김밥으로 돌렸어요. 그렇지만 하루에 김
밥은 한두 줄, 그런 세월이 3, 4년 됐었죠. 그러다가 이것저것도
해보고 많은 고생을 했었죠. 말할 수도 없고. 한국의 김밥이라는
음식을 전혀 모르더라고요. 그때만 해도 쓰루하시(鶴橋)에 가게가
세 개 밖에 없었어요. 이렇게 한국에서 결혼을 했다든지 이런 분

---

[1] 일본의 선술집. 목로 술집 또는 대폿집이라고도 한다.

도 만나기도 힘들고, 만나도 말 붙이기가 너무나 힘들고, 뭐 '조센 징 쿠사이 쿠사이(朝鮮人臭い臭い)'[2] 김치 같은 것 해서 팔면 김 치 냄새 난다고. 그런 말을 많이 들었지요.

그러다 세월이 흘러서 올림픽 하는 그때에 제가 많이 커버렸어요. 앞에 진열 냉장고를 조그마한 거 놓고 많은 한국 막걸리를 진열해 놓고 보니까 일본 교포분의 자녀들 같아요. 붉은 마후라[3]를 두르 고 붉은 티를 입고 돈을 그냥 팍 던져주면서 거기 있는 물건을 전 부 다 먹어버렸어요. 캔이라던지 막걸리를 머리에다 감고 그렇게 했지요, 그리고 그 돈을 주니까 안 가진다고 그러더라고요. 돈이 6만 얼마였어요. 돌려줄 수도 없고. 그러자 그걸 가지고 필요 있 는 그릇을 몇 개 샀었어요, 그러다가 쓰루메(鯣)[4]나 마른 김 같은 거 그런 걸 무쳐서 조금조금 해놓으니까 한 며칠 이렇게 지내다가 박사님들처럼 이렇게 일본말로 '어디서 오셨는가' 이걸 묻는 거 같 더라고요. 그렇지만 말도 모르고 하니까 대답을 할 수가 없었어 요. 그러자 우리 간판 이름을 적어갔었어요. 간판은 그대로 입니 다. 그때 미국인 세 분이 오셨어요. 나이 드신 분도 오시고, 조금 젊은 분도 있었어요. 간판도 다 찍고 이렇게 대화를 할 수 있는 분을 데리고 오셨어요. 간판의 이름에 대해서 궁금해 하시는 것 같더라고요.

그리고 간판을 어떻게 이름을 지었는지 묻더라고요. 그 간판은 제 가 이름을 다 지었거든요. 지었기 때문에 자기들이 취재해 갔는 데, 한국말을 말씀하는 분들이 뭐 '데스탕끼앙끼'라고 하면서 그렇 게 간판을 했다고. 나는 간판의 '반도' 이름이 악센트를 크게 넣으

---

[2] 쿠사이(臭い)는 더러운 냄새가 난다는 뜻이다.
[3] マフラー. 머플러, 목도리.
[4] 마른 오징어.

구술에 앞서 환담하는 김성재 사장

면 불쾌하고 그래서 좀 자연스럽게 하기로 했거든요, 했는데 한국 땅에서 내가 일본으로 건너왔기 때문에 이 다음에 자식에게 물려 주더라도 아주 좀 클 수 있는, '반도'라는 글자의 호수가 여덟 자입 니다. 내 생각에 옛날 말로서 여덟 자가 들어가면 팔자 고친다고 그래서 저희 그 '반도'는 여덟 자입니다. 그러니 그분이 그걸 보고 이상하다고 해가지고 한 네 번 왔었어요. 그때도 말씀도 해주고 이것저것을 사가가고 했었어요.

그러니까 한 삼년이 되었는데 또 왔더라고요, 그때도 와가지고 또 찍고 뭐라 뭐라 하면서. 그때는 이자카야를 했어요. 한 4년을 했 었어요. 4년하고 5년 동안에 내가 좀 밑천을 마련했지요. 그때만 해도 한국에서 오는 여자들을 남자들이 놔 주지를 않아요. 근데 너무 무서웠어요. 그런데 어느 날 손님 일곱 분이 들어왔어요. 그 런데 셔터 문을 내리라 하더라고요, 셔터 문을 안 내리니까 반항

하지 말고 내리라고. 지금 생각하니까 그분들이 야쿠자5)였어요.
근데 돈을 다 펴놓고 셔터 문 내리고, 꼼짝도 못하게 했어요. 근데
셔터 문 내리는 건 좋지만 통과해 주라고 이것은 허락을 해줘야
되지 않겠냐고. 얼른 10분 동안 다녀오겠다고. 그리고 난 도망을
가가지고. 옆에 대구이불집이 있었어요. 지금은 마마6)가 돌아가
셨지만 그때 마마가 많이 돌봐주셨죠. 그래도 그분들이 사흘 동안
안 갔어요, 장사도 못했죠. 경찰도 소용없었어요. 장사도 못하고
그래서 우리 애들 데리고 한국으로 나가버렸죠. 그래서 한 2, 3개
월을 장사를 못했어요. 그런 고통도 많이 있어서 그래서 술을 일
체 치워버렸어요. 한 때는 제가 막걸리를 다 직접 담아서 팔았었
어요.

이자카야 할 때는 오징어 사시미7) 딱 그거 하나만 했었어요. 한국
막걸리와 한국 소주를 가지고 거기에 탔어요. 그리고 막대기로
젓고, 서비스로 한두 잔씩 주고 그렇게 장사를 했어요. 그런데 도
저히 겁이 나서 장사를 못하게 되니까 그 장사를 그만뒀죠. 그래
서 한국에서 막걸리를 600개씩 가져오다가 간사이공항에서 제가
잡혔죠, 숨겨오는 것도 아니고 한 병당 200씩 세금을 낼 테니까
돌려달라고. 근데 가져오는데 개수 제한이 있나 봐요, 그런데 엄
청나게 많이 가지고 들어오니까 잡은 거지요. 그래서 200원씩 세
금을 내도 돌려줄 수 없고, 60개만 돌려받았어요. 나머지는 연체
를 시켜놓고 세금을 주고, 그렇게 찾아왔었죠.

그런데 다른 게 무서운 게 아니고 사람이 제일 무서워요. 그래서
그 당시에는 장사를 못했죠, 그래서 그때에 삭발을 했었어요. 원

---

5) 일본의 조직 폭력배.
6) 가게 주인.
7) 회.

래 저는 머리가 길어서 머리를 땋고 노랗게 물들였었죠, 근데 너무 무서워서 스님처럼 머리를 깎았죠. 그래서 저는 지금도 여름이나 겨울이나 머리를 깎고 모자를 쓰고 있어요. 저는 사랑하는 남편과 자식을 위하여, 때로는 조상님을 위하여 제 손발을 가지고 안하면 자식을 키울 수 없기 때문에 수천 눈물도 많았고, 말로 다할 수 없죠.

Q : 그럼 그렇게 이자카야를 접으신 거네요?

A : 그렇죠. 이자카야를 계속 할 수가 없었죠. 근데 그때만 해도 하던 것을 버릴 데가 없더라고요. 그래서 그때 밤에 하나하나 칼로 잘라서 조금씩 조금씩 버리는데 우리집이라는 걸 알아버렸어요. 벌금을 내라하더라고요. 근데 제 잘못이니까 벌금을 내겠다고. 근데 이걸 어떻게 버리냐고 물었어요. 시청에 가서 신고를 하면 오는 날이 있으니까 그날 버리면 된다고 말을 해주더라고요. 그래서 해서 남은 것들을 버렸어요. 그때 이자카야를 수리하는데 640만이 들었어요. 저는 왔다 갔다 하고 일하는 분한테 맡겨놓았어요. 저는 모르잖아요. 돈만 달라니까 주는 거지.

제가 처음에 캐나다에 가서 김치집을 하려고 돈 가방 딱 하나만 들고 왔죠. 한국에서 가정적으로 물질적으로 머리 아픈 일도 많고 해서 아무도 안 찾아오는 곳을 간다고 하는 게 친구를 만나서 여기로 왔어요. 그때만 해도 내가 1억 8천만 원을 들고 왔어요. 가져와서 이제 이걸 시작하면 되겠다 싶은 곳에 10 몇 군데 가게를 얻었어요, 그런데 자고 일어나보면 내 가게가 아니더라고요. 그래서 통역관을 데리고 복덕방에 가서 물었죠. 말을 못하니까.

일본에서는 300만 원짜리 같으면 보증금으로 30만 원을 걸어야 된다고 그러더라고요, 그래서 걸었죠. 그런데 일주일 후에는 그 돈을 갖다가 10만 원 돌려주면 많이 돌려준 거래요. 그리고 끝이래요. 자기들이 다니고, 수고비를 다 포함되기 때문에 안 된다 그러더라고요. 앞에 에끼(驛) 마리에 들어오는 가게도 제가 400만 원에 월 40만 원 달랬었어요. 근데 거기는 26만 원을 걸었다가, 내가 13만 원을 찾고 13일을 있었으니까. 근데 한국에서 파도가 많이 치고 바람도 많이 불어서 비행기가 뜰 수가 없어서 못 들어오니까 늦어버렸어요.

그래서 그 가게를 보니까 맘에도 안 들고 가게 앞에 악세서리랑 옷을 걸어 놓은 가게가 있었어요. 거기도 월 400만 원에 월 35만 원 달라고. 그러자 15만 원을 걸고 아는 사람을 보증을 세우고 한국 갔다 와서 인수하겠다 그랬죠. 그리고 나서 거리를 훑어보니까 그 것도 안 맞더라고요, 가게가 돈이 들어올 수 있는 능력이 돼야 하는데 이거는 비가 오면 홍수가 나서 거리를 깨끗이 해주는 거리더라고요. 그래서 이것도 맘에 안 들고, 그러자 이제 우리 가게가 썩 묻혀 있더라고요. 요래조래 보니까 이 주인이 도대체 어디에 있는지, 말도 모르지, 전화번호만 찍혀가 있지. 그래서 내가 아는 분한테 물었어요. 이 근처 복덕방을 갔는데, 복덕방에서 300만 원인데 들어가는 거는 27만 원이라고 그러더라고요. 그러면 좋다고. 300만 원은 나중에 지불하고 우선 들어가는 돈을 걸으라고 그러더라고요, 그런데 주인 첫 달에 들어가는 게 27만 원, 복덕방 소개하는 게 27만 원인데 돈이 모자라서 20만 원만 걸면 안 되겠느냐고 했더니 나중에는 받아들여줬어요. 그리고 열쇠를 줬어요. 들어가니까 몇 년 때 묵었던 신발 박스가 엄청나게 있었어요. 그래서 거기서 잠을 잤어요. 밤에 자는데 하늘에서 별이 바다로 내려서 팍 솟으면서 물이 천년만년 솟아오르더라고요. 내가 여기서 하면 성공하겠다는 느낌이 와요. 그래가지고 내가 저걸 잡았었어요.

그리고 나서 한국으로 갔는데, 집에서 또 잠을 자니까 하늘에서 달이 그냥, 둥근달은 아니고 구름이 팔팔팔 가면서 달이 보름달에서 조금 모자라더라고요. 아 여기는 내가 성공할 자리다, 조금만 더 고생을 하라는 뜻인가 보다 싶어서 전부 다 무시하고 저걸 잡았죠. 그러니까 이제 그걸 잡아가지고 조금씩 한국인 집이라고 알려지니까 자꾸 한 둘이 와서 먹고 가고 그랬어요.

그런데 한 번은 떡국을 하나 시켜서 잡수신 분이 NHK의 방송국에 있는 분이었어요. 저는 이제 모르고 잘 해드리고 했는데, 그 후에도 가만히 가만히 세 분씩 손님을 데리고 오시더라고요. 근데 뭐라고 말을 하는데 말을 할 수가 있나, 말을 전혀 못하니까. 지금 생각하면 "일본어 잘하십니까?"라고 물은 거 같은데, 내가 말을 못하니까. 어느 날 한복을 입고 비녀를 꽂고 있는데 또 다른 세 분을 데리고 왔더라고요. 와 가지고 서류를 다 찍고 물었어요. 언제 언제에 온다고 그러더라고요. 좋다고 그랬더니 열네 분이 왔었어요. 그 더운 여름에 하루 종일 취재하고 나니까 제가 쓰러져버렸죠, 저도 모르게. 병원에 실려 가고, 그분들은 돌아가면서 통장번호를 대라 그랬대요. 근데 저는 비자도 없지, 맨날 숨어사는 몸인데, 홀에 있는 사람이 계좌번호를 대 줬대요. 그리고 나서 한국에 있으니까 전화가 왔더라고요. 내가 몸이 안 좋아서 3개월 있다가 들어왔거든요. 돈이 7백만 원이 들어왔는데 어떡할까 그러더라고요. 무슨 돈이 7백만 원이나 들어왔냐 하니까, 그분들이 내가 사는 게 너무 애처로워 가지고 그 돈을 투자하라고 기부를 하고 갔대요. 그래서 저는 많은 돈을 쓸 필요가 없으니까. 불우이웃돕기에 쓰세요 해 버렸어요. 그런데 그 사람이 70만 원인가를 남겨놓고 일도 안하고 가버렸어요. 아는 사람을 통해서 그분은 찾았지만 찾을 수가 없잖아요. 그런 와중에 취재를 했던 것이 책으로 나왔어요. 그리고 열일곱 박스의 책이 왔어요. 우리 가게에 오는 모든 손님에게 다 나눠주었어요. 지금도 다 그 책을 들고 오는 분이 있어요.

음식 잡지에 소개돼

Q : 책 이름이 뭔가요?

A : 책 이름은 모르겠어요. 책이 아주 두껍고 크더라고요.

Q : 혹시 갖고 계세요? 지금?

A : 지금은 안 갖고 있어요. 한국에 있는 딸이 아직 간직하고 있는 줄은 모르겠지만.

Q : 아, 한 번 찾아봐주실래요?

A : 그 책에 뭐가 들었냐 하면은 음식에 대한 것이예요. 김치에 뭐가 들어가는가, 김치 만들려면 어떻게 해야 되는가. 그리고 고추장은 어떻게 담는가. 그리고 된장에 아주 관심이 많더라고요. 요리를 그때만 해도 살짝 구워가지고 무치고 볶았어요. 비빔밥에 들어가는 재료 그런 것입니다,

Q : 이시야키(石燒き) 비빔밥인가요?

A : 돌솥비빔밥을 이시야키 비빔밥이라고 해요. 그리고 일본에서 먹어본 음식 중에 뭐가 맛이 있었냐고 물었어요. 근데 맛이 없었죠. 너무나 느끼하니까. 그럼 당신은 어떻게 음식을 해 내느냐 그러더라고요. 나는 일본 국민들을 위해서 음식을 암 예방하는 쪽으로 하겠다 그랬어요. 내가 오사카대학교 병원에 병문안을 갔어요. 전부 다 암 환자에요. 그 환자들을 보고 내가 많이 울기도 했지만,

암 환자는 다 음식에서 나오는 거거든요.

Q : 그러면 이자카야는 한 5년 하셨나요?
A : 4년이지.

이자카야에서 김밥으로

Q : 이자카야를 4년하고 나서 김밥 하신건가요?
A : 네. 언니를 따라서 백화점을 가보면 김밥을 우리나라 김밥하고 다르게 해놨더라고요. 아주 마요네즈를 많이 섞어서 범벅을 해놓고, 우메보시(梅干し)[8] 정도 넣어서 색깔도 넣고, 또 오이 하나만 딱 넣어서 해 놓고. 이것은 김밥은 아닌데 싶어서 제가 김밥을 시작했어요.

Q : 김밥에 자신이 있으셨나요?
A : 네.

Q : 몇 종류시죠?
A : 47가지죠, 그 김밥을 내가 전부 다 사봤어요. 2천 원짜리 김밥들은 새우만 두 마리를 넣어서 아주 밥만 많이 넣어서 미련스럽게, 김밥은 어느 정도 자연스러워야 맛이 있는데 먹어보니까 아무 맛도 안 나고 밥이 좀 신맛이 있고. 그때만 해도 싸니까 물가를 몰랐어요. 제가, 일본사람들은 보니까 와사비[9] 그걸 김밥에다가 살짝 발라가지고 했더니, 그러니까 쏘기만 쏘지 맛은 없더라고요. 그리고 이 바닥에는 야채를 좋아하지 않습니까? 그러기 때문에 내가 퍼뜩

---

8) 매실 장아찌. 매실을 말려서 차조기의 잎을 넣고 소금에 절인 식품.
9) 山葵. 고추냉이.

아이디어가 나오더라고요. 아 야채를 많이 넣어서 하면 되겠다. 그래서 내가 언니를 데리고 슈퍼를 갔는데, 내가 찾는 야채들이 그때는 없었어요. 없어가지고 어느 날 내가 한국에 가서 이것저것 야채를 많이 가져왔었어요. 일본에는 안 나는 야채를 가져와서 김밥을 만들어서 팔았어요. 지나간 토요일에는 6개가 팔렸는데 다가오는 토요일에는 16개가 팔리는 거예요. 한국 상추는 고소한 맛이 있고, 일본 상추는 싱거워요. 그리고 밥에다가 쌓아놓으면 야채가 살아있어야 하는데, 일본 상추는 처음에는 아주 예쁘지만 밥에다 쌓아놓으면 야채가 먼저 잠을 자버려요. 안 예쁘게. 한국 야채는 싸놓으면 하루 종일 그대로 있어요. 아, 이래서 '전쟁을 했구나' 이렇게도 생각했어요. 내가 그때 생각해도 우리나라의 살아있는 땅을 뺏기 위해서, 자기들이 살기 위해서 전쟁을 했구나. 한국 야채로 김밥을 싸면 내일 아침까지 야채가 살아있어요. 근데 일본 것은 몇 시간만 지나도 숨이 죽어버려요. 힘이 없어요.

Q : 그럼 사장님이 하시는 김밥 중에 최고는 뭐라고 생각하세요?

A : 지금은 이제 또 인터뷰를 탔으니까. 방송을 몇 번 탔었어요. 근데 저쪽에서 그걸 살리기 위해서 내 아이디어를 김밥을 가져와가지고 불고기김밥을 말았어요. 그 김밥이 최고로 인기가 있어요. 초창기 때는 인기 있었던 김밥이 야채김밥이었어요. 네 가지를 넣다가 여섯 가지를 넣어봤어요. 그러니까 한 분이 지나가더니 하루 종일 자기가 네 번을 왔다갔는데 어떻게 김밥이 살아 있느냐, 그때 일본말로 하는 거 같아 그러니까 언니가 이건 한국 야채라고 했어요.

Q : 그럼 지금은 그런 김밥 하시는 건가요?

반도보리지의 메뉴판

A : 일본이라는 데는 내가 생각하기로는 김치면 김치답게, 김밥은 김
밥답게 쭉 나가야지. 이거 안 된다고 조금, 저거 안 된다고 조금
이러면 일본 사회에서는 안돼요. 여기는 김밥이 오래된 집이래서
안 오는 사람이 없어요. 그리고 그 간판을 위에 하나 달라 해도
그 처음부터서 했던 간판이기 때문에 손님들이 그대로 이어져가
있고, 간판 거기에는 이시야키 비빔밥을 했지 않습니까? 그러니까
이시야키 전통이 있어가지고 그대로 오는 거예요. 그러면 이시야
키 비빔밥을 가지고 갈수 있으니까 달라고 하거든요? 그러면 지금
은 따뜻한 건 안 되고, 나물이 있으면 계란, 고추장까지 해서 주면
먹고 안 가게 되면 가지고가면 600원 받아요.

맹아학교 선생님 한 분이 거기 계실 때에는 졸업하고 이럴 때에는
김밥이 많이 들어갔죠. 들어갈 때에는 애들 먹이기 위해서 그때만
해도 400원 받는 거 250원씩, 애들을 먹이기 위해서 250원씩 해주
고, 또 할머니들이 지나가다가 김밥이 먹고 싶은데 가격이 비싸지
않습니까? 500원이라 하면 비싸니까 있는 거 없는 거 1원짜리 탈
탈 털어서 줍니다. 그럼 말아서 주고 돈을 안 받아요. 절대로, 그
리고 휠체어를 밀고 온다던지 장애자분들 온다던지 하면 절대 돈
을 안 받아요. 그럼 나라에서 오는 사람들이 많아요. 오면 자기들
이 기억했다가 꼭 선물을 사서 와요. 보답한다고. 그렇기 때문에
오늘도 젊은 시절에 그분이 왔다 갔다 했는데 다리를 못 써서 휠
체어에, 어떻게 알아가지고 왔더라구요. 김밥 하나 600원짜리 사
러. 그런데 얼마나 고맙습니까. 근데 할아버지가 아무리 돈을 줘
도 안 받아요.

수많은 김밥으로 손가락 휘어

Q : 지금도 그럼 사장님께서 직접 김밥을 싸세요?

A : 제가 싸죠.

Q : 매일요?

A : 네. 재료는 그 하나도 못 만듭니다. 그분들은 못 만들고 지금은 겨
   울이라 조금 겨울철에 이 해당이 안 되는 음식은 지금 중단을 시
   켰거든요. 봄이 되거나 여름철까지 서서 할 때는 그 여름에 따라
   서 시원하게 먹을 수 있는 김밥, 또 겨울철에는 겨울철에 먹을 수
   있는 김밥. 그 재료는 저밖에 몰라요.

Q : 그동안 만들어서 손님들의 인기를 끌지 못하고 안 팔려서 없어진
   김밥 종류도 있습니까?

A : (웃음) 개발을 했다가도 안 팔리는 것은 저는 전부 쓰레기로 버려
   요. 왜 버리느냐. 일부에서는 그걸 놔두고 또 판다하지만 이건 어
   제 거니까 꼭 가져갈 사람은 가져가라고 합니다. 그러면 가져가도
   좋겠습니까, 드셔도 좋겠습니까 하는 분들은 좋다면 주고, 괜찮습
   니다 하는 분들은 안 드려요. 그리고 될 수 있으면 다 쓰레기를
   버려요.

Q : 손가락 두 군데가 휘어졌는데 김밥 싸시다가 그렇게 되신 거예요?

A : 그렇죠. 오그라졌죠. 뼈가 나왔죠. 일을 너무 많이 해서.

Q : 김밥을 요일하고 계절에 따라 틀리겠지만 하루에 몇 인분 정도 파
   시나요?

A : 보통 하루에 파는 게 전에는 1700개씩 팔았지만 지금은 양이 많이
   줄었어요. 요즘은 많이 팔면 400개, 평일 때는 보통 200개~170개
   정도로 팔고, 그리고 인제 지금은 내가 팔이 아파서 중단을 했지

만 많이 팔죠. 잘 팔릴 때는 한 달에 파는 게 4, 5천 개를 팔아요.
그리고 김밥에 들어가는 돼지고기를 아무도 이걸 못 조려요, 저는
조려요, 그럼 저는 고기를 조려서 또 그걸 무쳐서 한 달을 놔둬도
물이 안 나와요. 그럼 그것도 다 김밥에 넣어서 팔아요. 그러면 오
키나와 사람들이 다 와요. 김도 사러오고 김밥도 사러오고. 또 이
게 저는 하는 일이 그래요. 저녁에 자면 내일은 뭣을 아이디어로
해서 내 놀까 하고 자면서 생각을 해요.

Q : 원래 고향이 어디세요?
A : 저 충무인데요?

밀항으로 일본에 정착
Q : 그래서 이렇게 음식 맛이 좋으신가?
A : 이런 거 안해 봤죠. 처녀 때는 미용기술이었어요. 마산 가서 시험
치고 합격했죠. 사람이 살다보니까 이렇게 배워지더라고요. 살기
위해서. 내가 집을 나올 때에는 아이 넷을 데리고 나올 때에는 진
짜 돈 없었어요. 돈 4천 원을 가지고 나왔어요. 내가 시집갈 때 이
불해간 거, 그거 보따리에 싸가지고. 그런데 어느 날 비가 너무
와, 비가 너무너무 많이 쏟아졌어요. 애들 데리고 나왔는데, 아이
들이 '엄마 무섭다, 무섭다' 그러고. 그렇다고 돌아갈 수가 없죠.
그래서 할 수 없이 친구 집을 찾아갔어요. 찾아가니 이 애를 데리
고 어떻게 하려고 하면서 놀래더라고요. 친정에도 안가고 여기서
살란다 하고 방 하나만 얻어 달라고 했어요. 그러니까 작은 방을
연탄 들어가는, 그때만 해도 연탄이 들어갔죠. 방을 하나 얻었죠.
그리고 보온밥통을 네 개를 샀어요. 커피를 팔러 다녔어요.
거기에 넣어가지고, 커피랑 껌이랑 볼펜 등을 야간 사무실을 찾아

다녔어요. 그 사무실에 노크를 하면 열어주는 분도 있고, 그렇지
않은 분도 있어요, 다 팔고 오면 기분이 좋은데, 다 못 팔고 오면
집에다 쏟아버리면 너무 가슴이 아파요, 돈 안 받아도 좋으니까
이거 드셔보시고 맛이 있으면 다음에 찾아주세요. 그때만 해도 나
이가 젊으니까 희롱도 많이 당했죠. 사무실 문도 몇 번 차버려서
문 부서졌다고 돈 물어내라는 곳도 몇 번 있었고, 그래서 우리 친
구랑 같이 가서 물어주기도 하고 그랬었어요. 고생이라는 건 말도
못했죠. 그래도 조금 벌었어요.

그래가지고 부산 밤배를 탔어요. 그때만 해도 철선이 있었어요.
마지막 밤배를 타가지고 부산으로 내리는데 불은 번쩍번쩍하는데
사람이 하나도 안 다니더라고요. 밤이라서 그런지 모르지만 그래
서 가가지고 거기서도 돈은 조금 벌어서 쥐었는데, 어디 갈 길을
모르잖아요. 길을 몰라서 파출소를 찾아갔었어요. 애들을 데리고,
파출소를 찾아서 울산 산다고 그랬지요. 세월이 지나니까 잊어버
려. 그분이 무슨 장사 집을 안내해줬었어요. 근데 그 장사집이 부
산 그 남포동 들어가는 입구인데 이모냉면집이라고 쓰여져 있더
라고요. 그렇지만 비좁아서 애들은 도저히 안 되겠고, 어디 조그
만 방이라도 내가 얻을 수 있는지 물었죠. 경찰이 알아봐주고 하
는데 거기 할머니가 너무 안타까워 보였나봐. 내가 2층을 주마 내
가 작은 아들 방을 주고 여기서 생활을 해라. 그래가지고 이제 그
때만 해도 애 둘은 외갓집에 보내고 딸 둘이는 데리고 있었어요.
하나는 데리고 하나는 업고 그런 식으로 해서 그 할머니 하는 걸
내가 다 받아서 했어요. 배우니까 되더라고. 그때만 해도 '어머님,
어머님' 했었어요. 어느 날 저의 손목을 잡고 말을 하더라고요. 자
기들이 올 때 이렇게 이렇게 해가 나왔는데, 내가 애기를 볼 테니
까 네가 장사를 해라 이렇게 됐어요. 그러더니 있는 돈을 갖다가

저를 시험해보지도 않고 앞치마를 딱 끌러가지고 저를 채워주더라고요. 그런데 생선 두 마리를 사다가 삶아가지고 딱 놔주는데 이거를 얼마를 받아라 하더라고요. 그때만 해도 칼질도 안 해봤지. 겁도 나고 칼도 크고. 돈을 얼마 받아야 하는지 하루 종일 고민을 해서 지치기도 했어요. 그래서 야채를 조금 깔고 내 생각에 고기 조금 넣고 두 조각 정도 놓고 했어요. 그때가 처음 음식집의 기초였어요. 그때 할머니가 가르쳐 주지도 않길래 2천 원씩 받았어요. 그러니까 돈이 엄청나게 많이 남아버린 거예요. 할머니는 가게를 맡기고 도통 집을 안 들어와요. 우리 애들을 데리고 맛있는 거나 사주고 옷도 사 입히고. 내가 너무나 고마워가지고. 손이 타가지고 벌어질 정도로 열심히 했어요. 애들 키우기 위해서.

반도보리지 식당의 간판메뉴 충무김밥

그렇지만 내가 이래가지고는 내 돈을 못 벌겠고, 거기서 이제 살살 눈을 뜨는 거예요. 손님들이 오고가고 그러니까 이야기를 가만 들어보니까 시장에 중개인들었어요. 그러면 내가 저 중개하는 데를 가봐야겠다 싶어가지고 한 번 내가 일을 다 해놓고 시간이 있으니까 살금살금 걸어서 가보니까 고기들이 너무 예쁘게 많아요. 그래서 이제 고기를 3천 원 어치를 떼 봤어요. 떼 가지고 내 생각에 저녁에는 노는 시간이 많이 있으니까 큰 소쿠리를 하나 사가지고 장사하는 집마다 다니면서 팔았어요. 그거를 그때만 해도 세 개에 5백 원 받고, 어떤 사람들은 고기를 안 줘도 돈을 던져주더라고요. 그렇게 차차차 장사를 하다보니까 장사에 대한 눈이 빨리 떠지더라고요. 거기서 고기를 조금씩 떼다 팔다가 또 아주 신, 무슨 열매가 있대요. 그게 아주 크고 예뻐요. 그래서 그걸 또 떼다가 대야에 담아서 팔아보니까 돈이 짭짤하게 들어오는 거예요. 그래서 그걸 이제 엮었어요. 엮어서 집을 하나 얻었죠. 전세집을 하나 얻었는데, 그때만 해도 150만 원에 4만 원인가 들어가는 집을 하나 얻었어요. 그러니까 조그마한 가게가 하나 붙어있더라고요. 그 집 주인은 미국에서 오셔서 그 나무 캐는 재단스 집을 하고 있었어요. 그러니까 그분은 딸은 없고 아들만 있었어요. 니가 그러면 이런 이런 장사를 한 번 해보겠나 이러는 거예요. 그래서 그 장사집에서는 나왔어요. 너무 힘이 들어서 다리도 막 붓고 손도 너무 형편이 없어가지고. 집을 알아 봐서 거기서 장사하고, 이제 애 볼 사람이 없잖아요. 할머니가 봐 주다가.

그러던 어느 날 충무동 시장에 가서 떡을 뗐어요. 15,000원어치 떼니까 떡이 많더라고요. 그래서 떡을 떼서 파는데 내 거는 하나도 안 팔리는 거예요. 그래서 왜 안 팔리느냐 하고 보니까 출출하니 먹자고 떡을 사는데 단술10)이 없잖습니까. 떡을 뜨거운 물을 마셔

가면서 먹는 거예요. 저게 무슨 물인가, 저는 그때만 해도 단술이
라는 걸 몰라가지고. 보니까 쌀이 동동 뜨면서 아이고 이상하다
하는데 '먹고 가나' 제 어린 생각에 그렇더라고요. 그런 걸 별로
안 먹어봐서. 그래서 떡도 안 팔리고. 할머니 한 그릇에 얼맙니까
하니까 50원이라 하더라고요. 그래서 그걸 사서 먹어봤어요. 조금
식혀서 먹어보니까 쫀득쫀득 하니 그러더라고요. 이건 뭘 넣어서
쫀득쫀득 하나. 떡은 하나도 안 팔리고 애는 데리고 갔는데.
눈은 오는데 산복도로에 집을 얻었어요. 싸다고. 또 딸애를 한 손
으로 잡고 한 손에는 업고 가는데 애가 내려가서 떡을 쳤어요. 그
러니까 떡이 산복도로로 굴러간 거예요. 떡을 찾을 수 없었어요.
그래가지고 애를 가가고 떡을 잡으러 갔지만 떡은 찾지도 못하고
그 길로 방에 들어가 울어대니까 할머니가 오셔서 왜 그러느냐,
그 떡 못 팔았다고 그렇게 우냐 그러더라고요. 그래가지고 그게
아니라고, 처음으로 이렇게 나갔는데 한 개도 안 팔리고.
그리고 단술 얘기를 했어요. 그때 그 집주인 할머니가 단술이란
걸 가르쳐주었어요. 이거 가르쳐줄테니까 집에서 나가지 말라고.
아이는 자기가 가끔가끔 봐 줄 테니까 거기서 하라고 그러더라고.
그래서 충무동 시장 가가지고 과자도 조금 떼고 이것저것 갖추어
놓고 거기서 붕어빵을 구웠어요. 처음에는 붕어빵을 구웠는데, 다
른 집은 붕어빵이 연한데 우리 집은 이가 아파서 들어가지를 않아
요. 내가 먹어보니까. 이 빵은 이렇게 연한데 내 빵은 왜 딱딱한
가, 이것도 아니고 저것도 아니고, 그래가지고 나는 온다간다 말
도 없이 왔기 때문에 친정에도 전화를 할 수가 없고 어디에도 전
화를 할 수가 없었어요. 하는 수없이 빵을 굽고 있는 아줌마한테

---

10) 식혜.

가서 연하게 할 수 있는지 물었어요. 이 빵장사 같은 건 비법을
아무한테나 가르쳐줄 수 있는 게 아니라고 하더라고요. 근데 이
처자는 어디서 왔냐고 그러더라고요. 제 고향은 충무입니다. 고향
얘기를 했더니 어떻게 인연이 되어가지고 방법을 적어주었어요.
그래서 점차 장사라는 걸 알았어요. 그렇게 기초를. 그래가지고
여기 오는 동기도 보따리장사, 한국에서 어떤 물건 가져오고 나갈
때 뭘 갖고 나가고. 그렇게 했어요. 그렇게 해서 돈을 벌어 시아버
지, 시어머니 모시게 되었어요. 집도 4층으로 올리고.

쓰루하시 최고의 김밥집으로

Q : 그러면 김밥은 일본 분들이 더 많이 사드세요, 한국 분들이 더 많
이 사드세요?

A : 일본 분들이요.

Q : 100%요?

A : 100%요. 일본 분들이 어디 관광지를 가거나, 롯데나 신세계나 등
에서 김밥을 다 사먹어 봐도 맛이 없대요. 근데 제가 만든 김밥은
항상 맛이 그대로고 살아있고 밥이 맛있다고, 신선하다고 합니다.
그리고 공항에서 내려서 이쪽으로 버스를 타고 와 가지고 항상 사
가지고 가요. 자기집에 내려갈 때는 사가지고 가고. 자기들이 꼭
부쳐달라고 하면 꼭 부쳐줘요. 그런데 부쳐주면서도 '이렇게 드시
면 맛이 없습니다. 정말로 밥이 겨울에는 따뜻하게 찜을 해 드세
요. 한 1, 2분 찜을 해 드시면 맛있습니다' 그렇게 해서 드시라고
하면 겨울에도 많이 사가지고 가요.

Q : 그러면 일본에서 이걸 크게 하자고 하시는 분들은 없으세요?

A : 덴마11)라는 곳에서 아주 크게 하는 슈퍼가 있대요. 김밥을 하루에
2천 개를 넣으라고 하더라고요. 10시 반까지. 그런데 그러면 값이
안 나지 않습니까, 자기도 먹어야 하지, 나도 먹어야 하지, 그런데
그걸 한 개에 200원에 넣는단 말이에요. 200원을 넣으면 2000개를
넣는다 치면 자기는 전부 다 판다할 거란 말이에요. 아침에 10시
에 넣으려면 저녁 밤새도록 말아야 하는데, 그러면 인건비 나가
고, 야채 사서 넣고, 하나도 안 남아요. 그래서 못하겠다고 접고,
김치도 10시 반까지 150개를 부쳤어요. 근데 너무 힘들더라고요.
하루 종일 여기서 일하죠, 밤에 잠 안자고, 딱 그 시간 김치는 한
국김치는 10시간 절이는데, 내가 테스트를 해 보니까, 일본 김치
는 7시간만 놔두면 아주 김치가 맛있어요. 그러고 남의 집에서 그
렇게 보내다가 내가 너무 쓰러질 것 같아서 접었어요. 그러고 그
분들이 오사카로 와서 김치 집을 전부 김치를 먹어봤지만 우리 김
치만 못하다 해서 네 군데를 부쳤잖아요. 1kg에 800원을 넣어줘
요. 넣어주면 갑작스레 고춧가루 값이 뛰는 거예요. 그러면 고춧
가루가 몇 근에 김치가 몇 봉지 그게 정확하게 달아서 하는 거잖
아요. 그런데 치대는 순간에 사람을 몇을 써야 합니까, 여섯이나
써야 해요. 100kg를 다 해서 넣고 봉지에 넣고 묶고 붙이고, 우리
가게가 죽어버리는 거예요. 돈도 해보니까 남도 안 하고. 그래서
내가 안 한다고 했어요. 안 되는 건 빨리빨리 미련을 접어버려야
해요. 그런데 내가 하는 건 앞으로 내가 서울 가서도 뭘 하나 해
보려고 하는데 그것도 김밥이에요. 역시 우리 아들도 체인점을 하
고 있지만.

---

11) 天満. 일본 오사카부 오사카시 기타구에 위치하고 있다.

반도보리지 식당

Q : 이제 알려져서 최고의 김밥집인데, 우리 사장님이 제복 입는 것도
좋아하시고 디자인하시는 것도 좋아하시고 하시는데 그 제복을
입음으로 인해서 더 잘 팔리고 하는 건 있어요?

A : 그렇죠. 처음에는 한복을 많이 입었었죠. 김밥을 알리기 위해서,
한국을 알리기 위해서. 그런데 여기 사람들은 한복 차림을 진짜
좋아해. 우리나라 사람들도 일본에 와서 기모노가 '예쁘다' 하듯이
한국 한복을 진짜 좋아해요. 그래서 저희 한복이 한 70벌이 돼요.
제가 한국에서 장사할 때도 전부 한복을 입고 장사를 해요. 한때
아가씨 60명을 데리고 남자 직원을 데리고 물장사를 했었어요. 하
다가 애들이 크지 않습니까? 딸 아들이 크면 한국에는 특히 가문
을 특히 많이 찾지 않습니까. 그래서 우리 딸 아들 알기 전에 딱

접었어요. 그런데 머스마[12] 아이들은, 남의 아이들은 좀 괜찮지만 딸아이는 안 그래요. 그래서 옛날에는 여기에서 실크 마후라 한 장씩만 가져가면. 아주 돈이 됐어요. 저고리 한 벌씩 나왔으니까요. 지금은 다 인제 영업 안 하잖아요. 아가씨들 참하게 데리고 돈 많이 주고 안 하잖아요. 그렇기 때문에 그만두었습니다.

Q : 한복 중에서 즐겨 입은 한복은 어떤 거세요?
A : 즐겨 입은 건 계량 한복도 입고, 그냥 치마저고리 입고.

Q : 색깔은 어떤 것을 좋아해요?
A : 색깔은 비둘기 색깔, 아주 화사하게 올라오는 복숭아 꽃 색깔을 내는 걸 좋아하고, 그리고 밑에 치마는 항상 아주 진한 푸른 색깔이에요. 그리고 하얀 저고리에 태극기 문양.

Q : 한복을 입다가 제복으로 바꿔 입었잖아요. 언제 적부터 그랬나요?
A : 이 제복은 설립할 때부터 입었어요.

Q : 그게 몇 년도인가요?
A : 5년이 됐으니까 2008년도인가 그대로에요.

제복 직접 디자인해

Q : 디자인은 누가 했나요?
A : 제가 했죠. 승무원 아가씨를 우리 아이가 알았어요. 서울에서 공부하는 우리 아이가 연락처를 우연히 알았는데 지가 이제 공부하

---

12) 남자.

면서 다 접었지만 내가 물었어요. 내 회사에 옷을 하고 싶다, 가운을 하고 싶다. 그런데 베트남 쪽이냐, 대한항공 쪽이냐, 아시아나 항공 쪽이냐 그리 묻더라고요. 그래서 책자를 한 번 보여 달라고, 그러니까 이리이리 있는데, 아시아나 앞치마도 써보고 대한항공 앞치마도 써봤지만 비싸기만 하고 디자인도 별로 안 예쁘더라고요. 안 예뻐 가지고 그거 하는 회사 옆에 가니까 있더라고요. 거기서 제가 다 했죠. 모자는 롯데에서 물건을 정리하는 직원의 것을 모방했어요. 그 디자인을 했지만 색깔은 바꿨어요. 그리고 다이아몬드 형식은 제가 한 것입니다.

Q : 그 상호 명도 본인이, 어떤 뜻이 있는지요?

A : 앞에는 짓는 게 반도보리지라는  것은 글자가 흐려지면 내가 재산을 모을 수가 없지 않습니까. 그러니까 밑에는 받쳐주면, 항상 뭘 받아주면 손에 들어오듯이. 노래에 논두렁을 이렇게 올리면 거기에서 한 번 더 처리해주면 논의 물이 출렁출렁하지 않습니까. 안 빠져 나가고. 그래서 내가 밤새도록 만들 때 억수로 맞춰봤어요. 맞춰보니까 저게 제일 내 마음에 들더라고요. 그래서 내가 저걸로 지었죠.

반도보리지 안내판

Q : 혹시 종교가 어떻게 되세요?

A : 종교는 불교입니다

Q : 어디 절에 다니세요?

A : 다니지는 않고 제 마음속으로. 지금도 부처님이 계시고 있고. 있어도 내가 때가 안 되기 때문에 내가 장소와 때를 아무리 집이 커도 내가 하고 싶다고 하는 장소가 따로 있어요. 그러기 때문에 그 부처님도 막상 내가 정시로 하고 그 자리에 두고, 한국에서는 이거 뭐 이거보다도 더 크죠. 그런 것들을 다 하고 있다가 전부 내 손으로 내가 다 정리하고 잊을 사람은 가시고, 내 한테 가고 싶은 사람은 언제든지 가자고, 그래가지고 내가 모시고 있어요.

Q : 한국에 다시 가서 사실 생각하고 있으세요?

A : 저는 한국에서 살 거예요. 제가 그동안 넣은 보험 등이 있지 않습니까. 그러니까 저는 10년만 되면 저는 왔다 갔다 해도 내 생활에 대한 보답은 다 나오지 않습니까. 그러니까 뭐 보험 한 가지 들어 놓았기 때문에, 그리고 내가 이리 혼자 있으니까 집은 내 한 테 갈 일이 없게끔 다 해버리고, 땅도 내 한 테 갈 일이 안 되게끔 다 해버리고, 그러니까 인제 내가 우리 작은 아들이 있으니까 강남구청에서 우리 아들을 찾아서 왔대요. 그때 면담을 했는데, 저는 집도 없고 방도 좋은 것 가진 것도 없고, 방 하나에 애 공부시킬 목적이니까, 다 다른 자녀들은 살 수 있게끔 되어있으니까. 남은 건 막내뿐이니까, 한국에서도 한 달에 50만 원 정도씩 나와요. 시에서. 그리고 뭐 나는 여자가 결혼을 해서 자식을 낳는 건 도리지만, 이 사회가 어떻게 됐든 저렇게 됐든 여성을 만나서 자식을 낳았으면 아빠란 사람이 책임을 져야 되지 않습니까. 왜 여자만 책임을 져야 합니까? 그거 하나가 나는 한국에 아주 잘못됐다고 생각해요. 남

자라고 자기 갈 때 탁 가고, 여자라고 왜 자기 갈 데 못갑니까?

Q : 그럼 여기서 10년을 더 사실 텐데, 혹시 김밥 집 말고 또 아이디어
로 생각하시는 거, 족발 말고는 없는지요?

A : 족발 말고 있죠, 있는데 왜 뭐가 있냐 하면 노는 때도 낮에 나는
아직 나이가 이렇게 되도 낮에 낮잠 한 번 안 자봤어요. 너무 할
게 많으니까. 하루 가는 게 너무 아쉬워요. 시간가는 게, 내가 할
일을 다 못하니까. 비빔밥이 한 500가지가 있어요. 내 아아디어가.
500가지가 있는데 저렇게 둘러봐도 장소가 없어요. 왜 내 아이디
어는 그런 장소를 찾나 하면, 아침에는 아주 고급으로 커피를
내고, 점심에는 비빔밥을, 저녁에는 아주 고급으로 양주를 내고,
옛날처럼 내가 한복 입고 직원 몇 데리고 한 구석에서는 가야금을
치고, 그런 걸 원하는데 일본에는 그런 장소가 없어요. 그래서 이
런 걸 서울 가서 하면, 서울에 조금 벗어나면 자연이 넘치고 자연
냄새를 맡아가며 가지나무 두 그루나 세 그루 내가 내손으로 가꾸
고, 야채도 많이 필요 없고 내가 직접 따먹고, 그리고 닭 세 마리
키워서 알 내놓고 그게 답이에요.

처음에는 교포들 텃세 심해

Q : 여기서 한 20년 사시면서 일본 사람이 이자카야 같은 경우 말고
이렇게 싫다 그런 걸 느끼신 적은 없으세요?

A : 정말 일본 사람은 아주 사람이 좋습니다. 그리고 한국의 물은 한
국의 피 아닙니까. 그런데 한국 것을 먹고 어머님, 아버님이 한국
사람들이라든지 조선인이라든지 어중간한 일본인들이 텃세가 심
하고 그렇지. 정말 본토 일본 사람들은 속은 놔줘도 겉은 부드럽
게 웃어주지요. 그렇지만 한 구석에는 일본 사람도 아주 강해요.

그런 것도 많이 느껴 봤고. 저렇게 안 해도 되는데 저렇게 하는 일본 사람 많아요. 그렇지만 일본 사람들은 참 자상해요. 내가 와 가지고 일본에 와서 배우고 느낀 건, 자녀들은 여기에 놔둬도 교육상 절대로 안 된다는 걸 느꼈고. 왜 안 되느냐 하면 일본은 부모 자식 간에 그게 없지 않습니까. 아무리 부모 자식이라도 자기 돈이 따로 있고 자기 물건이 따로 있고 하지, 정이라는 게 없지 않습니까? 그러면 한국 자녀들이 와서 느끼는 건 뭘 가장 느끼겠습니까. 먹는 밥은 배가 고프니까 먹지만 그래도 배우는 것도 많아요. 그런데 뭐든 보는 건 보고 배우기 때문에 한국에 돌아가면 자기 부모도 없고 할머니도 없고 형제도 없어지는 거예요. 지금도 우리 한국에서 여기 유학 학생들이 있지 않습니까? 내가 볼 때는 천금만금을 가져와도 여기 유학 온 아이들은 며느리로 안 삼지요. 절대로. 그리고 이제 우리 애들은 어릴 때는 좀 내 도움도 받아왔지만 절대로 배우도록 해놨습니다.

Q : 시장에서 올드 커머랑 갈등은 없으세요?
A : 시장에서도 텃세가 많죠. 왜 없을까요. 한국에서도 보따리장사 이렇게 펴 놓고, 일본사람들은 그냥 그렇게 파는가보다 생각하는데, 한국에서 나와 같은 사람들이 장사를 하면 자기 물건 안 팔린다고 신고를 해요. 신고를 받아서 오는 사람은 경찰이 오지 않습니까? 신고 받은 사람도 누가 신고를 했는지 알지 않습니까. 신고를 안 하면 경찰이 절대 안와요. 가짜 가방이라든지, 이런 거 파는 것도 자기들끼리 다 신고하지 일본 사람들은 신고 안 해요. 귀찮은 것도 진짜 싫어하고 높은 빌딩 짓는 것도 싫어해요. 자기가 먹고 쉴 수 있는 통장 하나만 있으면 그 사람들은 끝이에요. 자기 집 깨끗하면 되고, 돈 많이 모아서 높은 빌딩 짓겠다 뭐 이런 게 없어요.

그리고 내가 이 난바13)에 불고기집을 3년 6개월을 있었는데요. 거기는 조총련 분들이 많이 와요. 그분들은 아주 대화도 좋고 개방이 되면 다시 만나자고 악수도 너무 친절하게 해 주고 여기 일하는 사람한테 팁도 주고 그런 분들이에요. 높은 집을 많이 가지고 있는 사람은 전부 한국 교포분들이지 일본 사람들은 없어요. 근데 전라도 목포 쪽에서 난바까지는 그런 분들의 높은 건물이 많이 있어요. 조총련들은 쉬는 것도 먹는 것도 화끈하게 놀 때는 놀고 줄일 건 줄이고 공과 사를 정확하게 구별해요. 그런데 이 한국 가는 거를 굉장히 많이 원하고, 개방이 되면 만나자고 또 만나자고 몇 번이나 인사하고 악수하고 가요.

Q : 어머님이 띠가 무슨 띠세요?
A : 띠가 있겠어요. 띠가 있었으면 나이가 나오는데

Q : 호랑이 띠 아니세요?
A : 아니에요. 왜 물어요?

Q : 그냥 묻고 싶어 가지고요. 혹시 저한테 꼭 해주고 싶으신 말씀 있으세요?
A : 꼭 해주고 싶은 말은요. 이렇게 여성분들이 오셔서 고생도 하고 하시지만 어디를 가시더라도 가족을 꼭 생각하시고. 특히 안에 있는 부인을 사랑 많이 해주시고 아껴주시고. 나 그거 하나 부탁하고 싶어요.

---

13) 難波. 일본 혼슈(本州) 서부 오사카(大阪)의 번화가이다.

Q : 네 알겠습니다. 자 그럼 오늘은 여기까지로 마치겠습니다.
A : 감사합니다.

김치로 도쿄를 디자인한 뚝심

- 이름 : 오영석
- 구술일시 : 2013년 4월 6일
- 구술장소 : 도쿄 김치박물관
- 구술시간 : 115분
- 구술면담자 : 정희선, 김인덕, 동선희
- 촬영 및 녹음 : 성주현

■ 오영석(吳永錫)

일본에서 한국외식사업으로 성공한 기업 '처가방' 대표. 1952년 경북 의성에서 출생하였으며, 디자인을 공부하기 위해 1984년 일본으로 유학했다. 문화복장학원에서 패션유통을 공부한 후 게이오백화점(京王百貨店)에 첫 한국인으로 취직, 승승장구하였다. 백화점 직원들에게 한국 음식을 대접한 후 직원들의 권유로 백화점 식품부에 김치코너를 운영한 것을 계기로 1996년 김치박물관을 설립하고 김치사업에 전념하였다. 현재 운영하고 있는 처가방은 일본 전역에 20여 개의 한국 음식점과 15개의 한국 식품점을 거느리고 있다.

■ 인터뷰에 관해

오영석 대표는 그의 성장과정 만큼 털털했다. 서글서글한 얼굴에 호탕한 목소리는 경상도 사나이임을 한 눈에 알 수 있었다. 인터뷰를 하는 동안에도 적절한 유머 감각으로 자신감 넘치는 모습을 보여주었다. 인터뷰는 김치박물관 3층에서 가졌는데, 곳곳에 한국의 이미지를 살리고 있었고, 1층 체험장에서는 실습하기 위한 사람들로 북적였다. 인터뷰 후에는 직접 처가방에서 만드는 음식 맛을 볼 수 있었다.

■ **구술 내용**

디자인 공부를 위해 일본으로

Q : 언제쯤 일본에 오셨습니까?

A : 저는 1984년에 일본에 유학차 왔습니다. 오기 전에는 서울 명동에
서 여자패션 의상실을 경영했습니다. 그런데 좀 더 배워서 앙드레
김 선생님 같은 디자이너가 되었으면 생각하였고 1980년에 이를
위해 일본으로 유학하기로 결심을 하였습니다. 1984년, 나이 들어
늦게 유학길에 올랐는데 애 둘과 집사람과 같이 왔습니다. 당시
나이 33살이었습니다.

패션공부를 위해서 유학을 왔으니까 처음 신주쿠(新宿)에 있는 문
화복장학원에 들어가서 패션공부를 하는데, 패션보다는 유통이 더
좋더라고요. 그래서 패션유통을 배웠어요. 3년간 공부를 하고 취
업을 하기로 하였습니다. 운 좋게 신주쿠(新宿)의 게이오백화점(京
王百貨店)에 부인복 코디네이터로 입사하게 되었습니다. 1988년
도 서울올림픽 전입니다.

한국인으로 게이오백화점에 취직하는 사람은 저 한 사람밖에 없
었는데, 당시 한국인으로 일본에 정상적으로 취직하는 사람이 1년
에 약 30명 정도이었답니다. 대사관 노무관이 게이오백화점에 취
직하니까 부르더라고요. 그러면서 대통령 하사품을 주더라고요.
전두환 대통령 볼펜하고 타월을 하사품으로 주시면서 "축하한다."
고 대통령의 말씀을 전했습니다.

Q : 백화점에서는 재미있었나요?

A : 아니요. 늦게 취직했지만 새로운 아이디어를 백화점 측에 자주 제
안하였습니다. 일부러 광복절에 하려고 했던 건 아니지만 1988년

광복절 날, 내가 게이오백화점에 이야기를 했습니다.

"패션 공부를 한 오영석이라는 한국인이 여기 들어와 가지고 잘 하는 게 뭐가 있겠습니까. 내가 잘하는 것은 한국어이니 백화점 직원들에게 한국어를 가르치면 어떻겠습니까?"라고 했더니 한마디로 "안 된다."라고 했어요. 이곳에서 가르치는 건 영어하고 중국어 밖에 없으니 안 된다는 겁니다.

저는 물러서지 않고 "앞으로 88서울올림픽이 개최되면 한국도 여행자율화가 되기 때문에 일본에 많은 사람들이 올 것이고 여기 게이오백화점 바로 앞에 공항리무진 버스가 서는데, 우리 백화점 사람들도 한국말로 안내를 해주면 게이오백화점이 1등 할 건데 왜 안하려고 하느냐?"고 하면서 3개월간 설득을 해서 한국어를 가르쳤습니다. 거기 근무하는 사람들 23명에게 한국어를 가르쳤는데, 그 사람들이 주는 수업료가 한 달에 2,000엔씩 해요. 그걸 1년 반 모았다가 강의를 받은 분들을 모시고 한국으로 수학여행을 갔어요. 수학여행이라기보다는 유통시찰단으로 한국유통과 패션을 보기 위해서 패션 하던 친구들을 만나고 한국의 현대백화점, 롯데백화점을 리서치를 했습니다. 당시 한국어 인기가 최고였습니다.

Q : 그런 아이디어를 내기가 쉽지 않았을 텐데요?

A : 이렇게 외국에 있다 보면 모두 다 애국자가 될 수밖에 없잖아요.

Q : 외국에 나가면 적응하기도 힘든데 그런 아이디어 내기 힘들지 않는지요?

A : 다른 사람하고 달라서 집사람과 아이들도 데려오고, 또 나름대로 많이 놀았습니다.(웃음) 그러다 보니까 좋은 아이디어도 나오지 않았나 합니다.

Q : 그러면 그때 우리 회장님 팬클럽이 만
들어졌겠네요?

A : 그 기회로 팬클럽도 생겼고, 학교에서도
유학생들을 내가 선도했습니다. 일본
백화점에서도 한국어 안내방송을 하기
시작하였어요. 그리고 한국어 팸플릿도
만들었어요. 일본 백화점 한국어 팸플
릿을 처음 만든 게 저에요. 백화점 한국
어 안내방송은 KBS아나운서가 해줬습니
다. 송재호 씨라고 지인이 있었는데 KBS
아나운서한테 말해서 제일 고운 목소리
로 녹음했습니다. 백화점 안에서 중국
어 안내방송은 "담배 피우지 말라" 등

처가방을 들어서면 반갑게
맞아주는 장승

주로 금지사항이었는데, 저희 한국어 안내방송은 "백화점 와주어
서 고맙습니다. 더 열심히 성심성의껏 고객을 모실 테니 즐거운
쇼핑을 하세요."라고 했습니다. 당연히 고객들의 반응이 뜨거웠
죠.

Q : 한국 관광객들은 많았나요?

A : 많았습니다. 그리고 한국어 팸플릿을 보고 문의할 사항이 있으면
언제든지 전화하라고 했습니다. 그런 이유로 한국 사람들이 많이
찾아왔습니다. 현금이 없는데 엔을 원으로 바꿔달라고 환전을 부
탁하는 그런 것도 많이 있었습니다.

Q : 원래 고향은 어디세요?

A : 대구에요.

Q : 대구 출신이시고 그럼 학력을 여쭈어도 실례가 되지 않을까요?
A : 대구에서 영남대학교 들어갔는데 공부가 적성에 맞지 않아서 중
    퇴했습니다. 그 후 패션공부를 했습니다.

게이오 백화점 취직 한국인으로 처음

Q : 게이오백화점 시절에 특별히 재미있었던 일이 있나요?
A : 제가 백화점 들어가게 된 계기가 재미있습니다. 사실 제 스스로
    공부해서 들어간 것입니다. 문화복장학원에서 공부하고 있을 때
    3주간 직장연수를 하게 되었는데 저는 게이오백화점으로 갔습니다.
    이유는 저의 1년 선배 때문이었습니다. 문화복장학원에 내 1년 선
    배가 있었는데, 먼저 게이오백화점에 직장연수를 갔어요. 연수 후
    자기는 패션 비즈니스과인데 게이오백화점으로 연수를 가니까 제
    일 좋더라는 겁니다. 백화점 사람들도 좋고 바로 옆에 사원클럽이
    있어서 술도 공짜로 먹을 수 있고 모든 생활이 즐거웠다고 그러는
    겁니다.
    그래서 "나도 선배님처럼 거기 갈게요" 하고선 직장연수를 하게
    되었습니다. 그런데 백화점 부장이 다들 나이어린 20대였습니다.
    이런 친구들이 서른 대여섯 살 되는 나를 보고선 따로 얘기를 하
    더라고요. 뭐 하려고 이곳에 왔느냐고. 그래서 내가 앞으로 디자
    이너가 되기 위해서 왔다고 그랬더니, 저한테 특별히 많은 것을
    해준 거예요.
    기억에 나는 것이 많아요. 한번은 그때가 5월 달인데 일본에 있는
    다른 큰 백화점에서 수주회를 했어요. 거기를 갔는데 모델이 직접
    옷을 입고 다니는 거예요. 그래서 모델하고 사진도 찍고 하면서
    할 수 있었어요.
    3주간 다녔는데 담당 부장이 참 잘 챙겨주었습니다. 그때 배웠던

것을 서류로 보고서를 만들어서 학교에 제출했더니 A+받았어요. 그 부장에게 고맙다고 인삼을 갖다 줬어요. 인삼을 선물로 주었더니 함께 식사를 하자고 그래요. 식사를 하면서 저한테 부탁을 하는 거예요. 백화점 직원이 한국에 옷을 만들러 가는데 네가 안내를 해줄 수 있느냐고. 그래서 안내를 해준다고 했어요. 그런데 비행기 값을 주냐고 물었더니 비행기 값을 안 준다는 거예요. 조금은 부담이 되었지만 이미 약속을 하였기에 자비를 들여 한국 안내를 하였습니다.

Q : 한국에서의 일정은 어떠하셨나요?

A : 한국에서 처음에는 논노라는 의류회사에 갔는데 소량이라고 옷을 만들어 주지 않는 거예요. 그때 미국에서는 대량생산으로 오더를 받았는데 일본에서는 다품종소량생산이라고 하니까 귀찮아서 하지 않았던 것입니다. 그걸 논노에서 안 한다고 하니까 할 데가 없냐고 다시 부탁하였습니다. '이원재패션'이라고 유명 브랜드가 있는데 마침 동생이 '이건재'라고 잘 아는 친구였습니다. 그래서 거기 가서 해달라고 부탁했습니다.

'부르종 잠바'라고 단추가 많이 달렸는데 단추 값을 다 일본제품으로 계산 해봤어요. 그래서 한국단추가 좋으니 한국 단추로 바꾸면 안 되느냐고 했더니 괜찮다는 거예요. 그래서 한국단추로 바꿨는데 여기에서 돈이 많이 남더라고요. 나름대로 대접을 잘하려고 노력했는데 그렇게 인연이 됐어요. 만약 그 부장이 가자고 했을 때 내가 안가고 그랬으면 취직이 안 됐을 거예요.

그 뒤에도 그분이 또 이사가 되면서 돈 있는 것을 저한테 주면서 한국에 땅을 사서 재산을 증식시켜주라고 부탁하였습니다. 저는 한국 제주도 땅을 4,000여만 원을 주고 사서 그분에게 드렸습니

다. 그런데 안타깝게도 10년이 지나도 4,000여만 원 정도로 가격
이 오르지 않았습니다. 결국 제가 그분에게 원금하고 이자를 계산
해서 돌려드렸습니다.

한편 저도 용인 수지에 땅을 5,000만 원 주고 샀는데 나중에 13억
이 되어 팔았습니다. 일본인이 우리나라에 부동산 투자를 하는 것
을 보고 힌트를 얻은 것이지요. 하지만 성공의 뒤안길에는 복이
있어야하지 않는가 생각되었고, 복 받으려면 좋은 일 많이 해야
한다는 생각이 들었죠.

Q : 또 다른 기억은 없으신가요?

A : 많죠. 1988년도에 입사를 했는데 그해 우리 아들이 태어났고 그
이듬해 1989년 1월 28일 우리 집에 손님을 초대하여 돌잔치를 했
습니다. 저녁에는 게이오백화점 직원들도 모셨는데 음식을 드시
고 너무 좋아하시는 거예요. 한국 음식으로는 불고기만 있는 줄
알고 왔다가 불고기뿐만 아니라 다른 맛있는 음식들을 드시면서
너무 좋아하시는 거예요. 그때 우리 집사람이 음식을 아주 잘했습
니다. 백화점 부장님께서 그 맛을 기억해났다가 1993년도 게이오
백화점 식품점에 김치 코너를 만들 때, 우리 집사람에게 김치를
시작하라고 권한 것이 김치를 시작하게 된 동기입니다. '처가방'이
라고 했는데 처갓집의 음식이 최고니까 '처가방'이라고 했습니다.

Q : 게이오 백화점 부장님은 잘 계신가요?

A : 그분은 잘 계시며 저와는 현재까지도 좋은 관계를 유지하고 있습
니다. 근자에 중풍으로 쓰러지셔서 조금 힘들어하고 있지만, 매장
오픈 때 항상 초청하고 있습니다. 또, 제가 한국에서 일식점을 오
픈할 때도 한국까지 모시고 갔습니다.

백화점에 김치코너 마련

Q : 게이오백화점 김치코너 하면서 에피소드가 많지 않았나요? 몇 가
지만 이야기 해주세요.

A : 많이 있지요. 게이오백화점 에피소드 중 대표적인 것이 김치가 썩
었다는 항의였습니다. 김치코너에서 김치를 팔았는데 고객이 김
치가 썩었다고 그러는 거예요. 사실 김치가 썩는 것은 아니잖아
요. 우리 집 사람이 김치를 담그면서 양파를 갈아 넣었는데 여름
에 보글보글 거품을 내는 거예요. 숙성하는 과정인데. 거기서 그
걸 보고 사람들이 오래 됐다고 하는 거예요. 그때도 김치나 깍두
기는 잘 안 팔렸는데, 손님은 모르고 사가지고 가서 먹으려고 하
니까 거품이 나는 거예요. 그 당시 더운 날씨인데도 얼음도 안 넣
고 그냥 집에 가지고 갔는데 김치에서 거품이 난 겁니다. 거품을
난 것을 보고는 먹을 수가 없잖아요. 그래서 백화점에 썩은 것을
왜 팔았느냐고 항의한 것이에요. 김치를 사간 사람들은 그걸 모르
고 계속해서 항의하러 오니까 할 수 없이 모두 바꾸어주었습니다.

오영석 대표가 부인과 함께 간행한 한국 음식 요리 책들

그때 김치박물관을 만들어야겠다고 결심했습니다.

또 하나의 에피소드는 게이오백화점에 조그맣게 김치코너를 시작했을 때 백화점 직원이 묻더라고요. 김치를 어디서 담그느냐고. 그때는 아직 백화점에 납품이 안 들어갔을 때인데, 공장도 없을 때입니다. 저는 솔직히 목욕탕에서 절여가지고 김치를 담근다고 하였습니다. 그러니까 깜짝 놀라는 거예요. 한국에서는 목욕탕에서 비닐에 넣어가지고 작업을 하면 제일 좋은 것이라고 설명했지요. 소금에 절일 때 그렇게 한다고 하니까 난리가 난 거예요. 그들을 이해시킬 수 없었지만 납품을 하기 위하여 할 수 없이 이 자리에서 건물을 빌려가지고 처음 시작했습니다.

김치공장을 처음 할 때 마늘 냄새 때문에 제일 힘들었어요. 옆에 중국집에서 마늘 냄새난다고 우리 옆에 오지 말라고 야단이었습니다. 자기도 마늘 쓰는 주제에. 어쨌든 그 당시에는 그만큼 어려웠습니다. 김치박물관을 만들어서 좀 더 많은 사람들에게 김치는 숙성되고 발효시키는 발효음식이라고 가르치고 싶었습니다, 그걸 보여드리려고 요츠야본점에 1996년도에 김치박물관을 만들었어요.

Q : 그러면 1993년도부터 김치는 시작하신 거네요?
A : 네. 1993년 4월 5일부터 했으니까 지금 꼭 20주년 됩니다.

Q : 그때부터 지금까지 많이 바뀐 거죠?
A : 참 많이 바뀌었어요. 그게 2002년 월드컵 때 가장 많이 바뀌었어요. 이 사람들이 월드컵을 공동주최하면서 왜 한국인들이 스테미너가 강한가. 그래서 '아루아루'라고 하는 TV 프로그램이 있는데, 마늘을 먹인 쥐와 안 먹인 쥐를 3개월 동안 경주를 시키는 거예

요. 그 결과 마늘 먹은 쥐는 스테미너가 좋았어요. 그러니까 마늘에는 아리신이라는 게 있잖아요. 그게 스테미너를 키운다, 고추에는 캅시이신이 있는데 비만을 없앤다고 하고 연구를 하는 거예요. 그러면서 TV에서 보여주는 것이 목욕탕에서 고춧가루를 넣고 목욕을 하는 거예요. 그리고 온천에서도 고춧가루를 넣고 하는 게 있더라고요. 처음에는 따끔따끔하더니 괜찮더라고요. 거기에 대해서 그 사람들은 분석을 굉장히 잘 하더라고요. 자기네들이 고춧가루하고 마늘에 대한 것을 섭취할 수 있는 것은 김치라고. 그때부터 김치를 찾기 시작한 거예요. 그때 김치 붐이 한 번 일어났습니다.

Q : 2002년 유엔 산하 세계식품위원회에서 공식 명칭이 기무치에서 김치로 바뀐 것도 한몫 한 것이 아닌가요?
A : 그렇습니다.

기무치에서 김치로

Q : 그러면 지금 20년 되었으면 김치 하나 가지고 일본을 평정할 수 있다는 걸 보여주신 건데, 특별한 노하우가 있을 거 같은데요?
A : 저는 지금도 김치에 쓰는 소금하고 재료에서 차별화가 되어있다고 봅니다. 우리 집 사람이 처음 김치를 담그면서 일본 소금을 쓰니까 배추에 간이 들면서 까맣게 구멍이 나는 거예요. 여기 일본에는 소금이 알 소금으로 되어 있다 보니까 전체가 녹는 게 아니고 배추에 녹으면서 배추 잎에 구멍을 내는 거예요. 그래서 그 뒤부터는 소금을 물에 타 녹여가지고 했는데 이번에는 간이 잘 안되는 거예요. 결국은 한국에서 소금을 수입하기로 결정하고 필요한 양만큼 소금을 수입했어요. 1996년 내가 직접 전북 부안에서

일본으로 수입했습니다. 그때 유종근 전북 도지사가 계셨는데, 저 때문에 전북물산이 생겼습니다. 그전에는 부안 곰소 소금을 가지고 왔어요. 한 달에 30kg 다섯 박스를 썼습니다. 그런 식으로 한국 소금을 가지고 하니까 다른 김치하고 차이가 난 것입니다. 지금은 신안의 천일염을 사용하고 있습니다.

Q : 배추는 일본 배추였는데 괜찮았나요? 맛이 다르다고 하던데요.
A : 물이 좀 많은 편이지만, 절임이라던지, 천일염을 사용하며 노하우가 생겨서 괜찮습니다.

Q : 공장이 몇 개 있나요?
A : 공장은 하나입니다.

Q : 매장은 몇 개 되나요?
A : 식당은 28개, 식품점이 17개 모두 49개입니다. 그리고 직원들 중에는 무엇보다 조리사들을 한국에서 다 모시고 옵니다. 회사에는 비자를 받은 사람들이 60명 정도 되고, 유학생들이 200명 가까이 됩니다. 한국 인력관리공단에서 저한테 고맙다고 해야 합니다.

Q : 지금은 김치뿐만 아니라 식품도 하시고 식당도 하시나요?
A : 네. 식당은 먼저 했었던 게 아니고, 식품을 먼저 했는데 하다보니까 사람들이 오감을 충족할 수 있는 것을 해달라고 해서 식당을 만들었어요.

Q : 그럼 이 공간은 상징성이 있겠네요.
A : 그렇습니다.

코리안타운에 김치박물관 설립

Q : 김치박물관에 관람객은 많습니까?

A : 예, 박물관을 견학하러 오는 사람, 조리 강의를 들으러 오는 수강
생들로 매일 붐비는 편입니다. 가끔 유치원에서 전화가 옵니다.
박물관 견학하는데 시간이 얼마나 걸리느냐고. 사실 아이들에 따
라서는 몇 분이면 다 보는 아이들이 있기도 하죠. 그렇다고 거짓
말은 할 수 없어서 옆에 있는 소방박물관을 보고 와서 1층의 박물
관을 본 후 2층에서 식사를 하면 2시간이면 된다고 합니다. 재미
있는 에피소드는 실컷 구경을 하고선 김치박물관 입장권을 어디
서 파느냐고 묻습니다. 또 어떤 이는 크다고 했는데 작으니까 미
니박물관이라 해야 된다고 하기도 합니다. 그러면 5년 뒤에 다시
오라고 합니다. 그때는 제법 박물관처럼 규모를 갖출 테니까요.

Q : 한국에도 김치박물관이 있는데 가 보셨는지요.

A : 예. 삼성동에 있는 풀무원김치박물관과 광주에 있는 박물관도 가
봤습니다.

Q : 그런데 쇼쿠안도리(識安通)에 김치박물관을 연다고 하시던데 사
실인가요?

A : 4월 25일 오픈할 예정입니다.

Q : 그러면 쇼쿠안도리 있는 김치박물관은 몇 평이나 되는지요?

A : 적당한 규모입니다. 1층에는 김치박물관만 있는 게 아니고 식품도
있어 판매도 할 예정입니다. 2층에는 식당으로 카페도 넣고 차도
마실 수 있고. 3층에는 작업실, 연구개발실 등을 둘 계획입니다.

Q : 현재 김치를 만든 건 몇 종류나 만들고 계신가요?

A : 30여 종 정도 됩니다. 앞으로 묵은 김치, 장아찌도 만들어 낼 생각
입니다.

Q : 재료는 한국 것을 많이 쓰시는 거죠?

A : 저만큼 많이 쓰는 사람도 없을 겁니다. 식당에 훈민정음을 걸 정
도로 신경을 많이 씁니다. 그림 하나하나도 신경을 써서 한국 그
림을 걸고 있습니다.

Q : 음식 맛은 주로 유향희 사모님이 담당하시는지요?

A : 이 책 '김치를 디자인하는 남
자'는 김치에 관한 것으로, 처
음으로 한 권의 책으로 만들
어냈습니다. 집사람이 유명
하지 않으니까 제 이름까지
넣는 게 좋을 거 같아서 제
이름이 들어갔습니다. 김치를
이야기한 한 권의 책이고, 이
건 '처가방 요리 책'인데, 거
기에 나오는 레시피는 우리
딸하고 같이 2004년도에 만든
것입니다. 딸은 서울대학교
식품영양학과에서 공부를 했

『김치를 디자인하는 남자』 책 표지

습니다. 그리고 1999년 한국 미스코리아 일본대표로 활동하기도
하였습니다. 또 한 권은 가정요리책으로 제 집사람이 작년에 낸
책입니다.

Q : 일본에 옛날부터 한국 김치가 있었잖습니까? 요즘 김치하고 예전
의 김치하고 다르다고 하는데 어떻게 다르나요?

A : 그 당시에는 음식들이 다 짰습니다. 시골에 있었던 어머니들이 김
치를 담글 때 당시에는 소금으로 모든 간을 맞추어서 보존하다보
니까 짠 음식에 대해서 익숙해져 있었어요. 처음 일본에서 와 음
식을 먹으니 모두 짰습니다. 그때 음식점을 하던 분들이 제주도,
경상도 분들이 많으니까 짠 음식들이 많았는데, 특히 경상도 분들
은 짜게 먹습니다. 요새는 소금을 많이 안 먹는 게 좋다고 생각하
니까 음식들이 짜지 않는 쪽으로 가는 거예요. 우리는 둘 다 경상
도인데 서울김치처럼 젓갈을 많이 안 넣고 새우젓을 많이 넣습니
다. 짠지가 아니라 김치의 맛을 내고 있다고 자부합니다.

Q : 그러면 어떻게 김치의 맛을 내고 있습니까?

A : 배추에다가 소금을 많이 치지 않아요. 배추의 소금물이 완전히 배
기 전에 김치 양념으로 간을 하는 것이지요. 그러니까 맛있어요.
다른 것보다도 소금도 그렇지만 고춧가루도 처음에는 한 군데 것
만 썼는데 요즘엔 여러 군데 것을 써 봐요. 맵다고만 좋은 것은
아니거든요.

보쌈김치가 최고 인기

Q : 김치박물관에서 가장 맛있는 김치 세 가지는 어떤 것이라고 생각
하는지요?

A : 첫째는 배추김치 즉 보쌈김치, 둘째는 오이김치, 셋째는 깻잎김치
입니다. 그리고 일본사람들이 가장 잘 알고 있는 김치는 배추김
치, 오이김치, 깍두기입니다.

Q : 앞으로 후진 양성을 위한 계획은 없으신지요?

A : 음식 솜씨는 우리 대에 끝나는 것이 아니고 다음 대에 또 이어갈
  수 있게끔 하는 것이 중요하다고 생각합니다. 우리 큰 딸에게 한
  국의 요리를 지금 가르치고 있습니다.

Q : 한국에 일식집을 운영하고 계신다는 소문이 있는데요?

A : 한국에서 식당을 하려고 생각지도 않았는데 주위의 권고로 일식
  당을 하게 되었습니다. 현재 3년 정도 되었는데 청담동과 대구와
  청주 현대백화점 등 3개의 일식당을 운영하고 있습니다. 아직 채
  산성은 안 나오고 있지만 딸들이 열심히 하고 있습니다. 이러한
  노력이 조만간 한일간 음식을 비교하고 발전시키는 데 큰 도움이
  되리라 생각합니다.

Q : K-POP 관련 홍보물도 붙여놓으셨던데 그런 것도 관심이 있습니
  까?

A : 일본에서 사업을 하면서 돈만 버는 것이 전부가 아닙니다. 우리
  문화를 알려야겠다고 생각해서 K-POP공연장을 운영하고 있습니
  다. 이 일을 하면서 가장 보람있는 일은 모두다 비자 발급이 어렵
  다고 하는 것을 각고의 노력 끝에 비자가 발급되도록 투자를 많이
  했습니다. 아직까지는 힘들고 그렇지만.

Q : 옷부터 시작해서 김치까지 한국문화의 전도사 역할과 아울러 한
  국과 일본문화의 가교 역할을 하셨는데, 회장님이 생각하시는 그
  림은 어떤 것이라고 생각하나요?

A : 저는 그렇게 생각해요. 사람들이 자기 나라에서 자기 나라 말하고
  사는 게 제일 행복하다고 생각해요. 또 외국에 나와서 자기가 하

고자 했던 분야로 계속 가는 것도 행복한 사람이고요.

그런데 나는 원래 패션을 하려고 했던 사람이 현재는 음식을 하고 있습니다. 그것도 하다보니까 패션이 옷만 국한된 것이 아니고 우리 음식에도 패션이라는 것이 필요하고, 또 인테리어 자체도 패션일 수 있다는 것을 느꼈습니다. 이것이 바로 내가 하는 것들인데, 처음부터 식당에서 김치나 음식을 판매하는 것에 국한하지 않고 여기에 스토리를 만들어서 문화를 파는 사람이 되겠다는 생각이 었습니다. 사실 이런 생각이 필요하다고 봅니다. 그래서 앞으로도 적당한 기회가 되면 지역과 함께 해서, 그리고 생각을 같이하는 분들과 함께 세계시장에 우뚝 설 수 있는 김치를 내가 한 번 만들어봐야겠다고 생각하고 있습니다.

Q : 서양인이 맛보는 김치는 참 중요할 거 같네요?

A : 미국인은 체격이 갈수록 비만화가 되잖아요. 그분들이 김치에 함유된 캅사이신을 먹고 비만에서 탈출해야 된다고 생각합니다. 고기를 드시고 커피 먹으면서 소화시킬 게 아니고 김치로 그 체질을 바꾸고 식성을 바꿔야 한다고 생각합니다. 미국에 가서 휴게소에 들러보면 먹을 것이라고는 피자, 햄버거 밖에 없잖습니까? 우동에다가 김치를 먹을 수 있는 그런 식단을 꾸미고 싶습니다.

김치연구소 운영 계획

Q : 세계적인 김치를 만들기 위해서는 많은 연구가 필요한데, '오영석 김치연구소'를 만드시는 것은 어떻습니까?

A : 좋지요. 매우 좋은 제안입니다. 3층에 만들도록 하겠습니다. 앞으로 많이 도와주시면 꼭 만들어서 성공하도록 하겠습니다.

Q : 일본에서 김치로 성공할 수 있었던 것은 굳건한 신앙심이 아닌가
    합니다. 교회는 계속 다니시고 있죠?

A : 제가 쓴 책에도 나오지만 고등학교 수학여행을 갔을 때 담임선생
    님하고 사진을 찍었는데 흰 바지 입고 있는 것이 접니다. 별난 놈
    이었습니다. 어릴 때 어머님이 교회를 가자고 해서 따라 갔습니
    다. 그때는 교회가면 옷이라도 하나 얻어 입을까 해서 다녔습니
    다. 스스로 신앙인이 되면서 여의도 순복음교회를 나갔습니다. 그
    것도 디자이너 조우순 선생님이라 계시는데, 그분이 교회를 나가
    자 해서 따라갔습니다. 그때 제가 신앙심을 키우면서 내가 올바르
    게 살아가는 것은, 내가 하나님한테 할 수 있는 것은 십일조를 열
    심히 내면서 나보다 못 사는 사람들을 조금이라도 구제하면서 돕
    는 것이 제 뜻이었습니다.

    그런 가운데 일본에 처음 와서 불고기집에서 아르바이트를 했습
    니다. 아르바이트를 하는데 한 달에 월급이 80,000엔, 저녁 8시부
    터 새벽 4시까지 했습니다. 말을 잘 못하니까 오랜 시간동안 일감
    을 주지 않고 짧은 시간만을 주었습니다. 80,000엔에 8,000엔이 십
    일조인데 그때 한국에는 애들이 있었고 방값이 18,000엔인데 8,000
    엔을 십일조로 내려고 하면 얼마나 힘듭니까. 교회에 가는 날까지
    고민을 했습니다. 그런 상황에서 십일조를 냈던 기억이 납니다만
    그러면서 신앙생활이 깊어지기 시작하였고 오늘날까지 마음 속에
    간직하고 있습니다.

    제가 생활이 조금 나아지자, 식당을 하면서 집사람에게 목사님들
    을 어떻게 도와줘야 하나 물었더니, 저희가 유학생활을 할 때를
    돌이켜보자고 하던데요. 말씀을 드렸듯이 당시 어려웠을 때 주변
    의 도움을 받기도 하였습니다. 1985년도인가 김정화 패션을 운영
    하던 분의 남편이 우리 집에 와가지고 쌀을 20kg 사 주었어요. 돈

한국적인 멋을 보여주는 처가방 내부 벽면

보다도 가정에는 쌀 떨어지는 것이 가장 불안한 시절이었죠. 그
때 쌀 20kg을 받았던 것이 너무 고마움으로 남아있었던 거예요.
그래서 가게가 한 개씩 생길 때마다 목사님들한테 쌀을 20kg씩 선
물을 하기로 서로 약속하였습니다. 지금까지 목사님들한테 쌀을
20kg씩 선물하는 습관이 이어져오고 있으며, 우리 유학생들에게
는 장학금을 주는 것은 계속하고 있습니다.

꼴찌에게 장학금 전달

Q : 장학금도 주시고 있나요?

A : 예. 한 5년 전에 SBS TV에서 촬영을 하자고 했습니다. 제목이 뭐
냐고 했더니 '개천에서 용났다'라는 것입니다. 한국의 영남고등학
교 사무처장이 저를 추천했다고 합니다. 제가 영남고등학교를 나
왔는데 동창이었거든요. 그래서 촬영을 하려고 하였는데 촬영팀

이 조건을 내 걸었습니다. 제 성적표를 보여주어야 한다고. 제가 학교를 다닐 때는 학생들이 많아서 8반까지 있었습니다. 한 400명 되는데 저는 290등 정도 했습니다. 그래서 성적표를 공개하지 못하겠다고 했습니다. 그랬더니 이틀 뒤에 전화가 왔는데 이번에는 특별히 성적표를 공개하지 않아도 된다고 합니다. 그래서 3일간 대구에서 촬영을 했습니다.

그때 친구 30여 명과 저녁식사를 하는 자리를 가졌습니다. 그동안 출세를 했으니 모교에 장학금을 내는 것이 어떻겠느냐고 한 친구가 제안을 받았습니다. 안 그래도 일본에서 대학생과 종업원들에게 장학금을 주는데 1년에 1억 원 정도 됩니다. 그래서 우리 선배들이 장학금을 몇 명에게나 주느냐 했더니 30명 정도를 준다고 했습니다.

그러면 내가 3명의 후배들에게 장학금을 준다고 했습니다. 그 대신에 공부를 제일 못하는 학생에게 주자고 했습니다. 어차피 이 프로가 개천에서 용났다고 하는 것인데 저처럼 학창시적에 잘 못하던 학생들도 성공할 수 있으니까 그런 학생을 주자고 했습니다. 그런데 안 된다는 거예요. 그러면 그만 두겠다고 하고 일본으로 돌아왔어요.

돌아오면서 생각이 바뀌면 전화하라고 했는데, 전화가 왔어요. 공부는 좀 못해도 가정형편이 어렵고 특기 있는 학생들에게 주면 어떻겠느냐고 해서 그때부터 장학금을 주기 시작했습니다. 그런데 한 달 뒤에 편지가 왔어요. 장학금을 받은 학생의 편지였습니다. 내용을 살펴보면 대강 이렇습니다.

"학교 선생님께서 갑자기 불러서 내가 뭘 잘못했나 싶어서 꾸중을 들을까 적정을 하면서 교무실에 가니까 선생님이 장학금을 주었습니다. 처음에는 무엇이 잘못되었나 했지만 너 같이 공부 못한 선배가 있어서 준다 해서 받았다는 겁니다. 집에서는 네가 무슨 장학금을 받았느냐고 난리였고 고모가 무척 좋아했습니다. 이를 계기로 살아가는 가치관이 바꼈다. 열심히 공부하겠습니다."라는 편지였습니다. 그 학생이 지금 경북대학교 2학년이 되었습니다. 바로 '꼴찌에서 온 편지'인 것입니다.

Q : 무척 감동적이군요. 마지막으로 한말씀 부탁드립니다. 재일동포로서 일본에서 살아가는 거잖아요. 그것과 관련해서 앞으로 다음 후배들이 여기 와서 살 때 유념해줬으면 좋겠고, 나아가서는 한국에 있는 사람들은 여러 사람들이 이것은 알아줬으면 좋겠다 하시는 그럴 말씀이 있는지 부탁드립니다.

A : 저 같이 70 · 80년대에 일본에 건너온 사람들을 '신한국인' 또는 '뉴커머'이라고 합니다. 국교가 정상화되었지만 일본으로 오는 건 싫어했었고 미국으로 가는 건 돈 있는 사람들이 가는 거고. 그렇지만 우리는 돈이 없어서 일본으로 왔습니다. 처음 여기에 와서 재일동포라고 하면 잘 사시는 분들인 줄만 알았어요. 1990년대 버블이라는 것이 있었는데, 근데 와서 보니까 그렇지 않은 분들이 있었지만 그때 재산을 잃어버린 분들이 많더라고요. 신주쿠(新宿)가 그런 사람들이 많았어요.

저는 민단에 들어가서 일하기 시작했습니다. 8년이 지나자 신주쿠 민단 단장이 되었습니다. 올해에는 민단 동경본부 부단장으로 영입이 되어 가지고 지금은 부단장이 되어서 열심히 일하고 있습니다. 민단 자체가 초창기 일본을 건너온 분들이 많았고 그 1세들은 가치관이나 이념이 대단합니다. 우리 한국에 대한 것들을 모두 귀하고 소중하게 여깁니다. 그러나 2~3세들은 이념이 약한 편합니다. 그렇게 사니까 사시는 분들이 많이 귀화를 하는 편입니다. 여기 살다보니까 3세쯤 되면서 민단의 필요성을 못 느끼는 거예요. 민단은 글자 그대로 향수가 되는 거예요. 아버님의 단체였고 아버님의 고향이었지 내 고향은 아니었다는 희박한 생각을 하게 됩니다. 그런 것들 속에서 그래도 민족교육이라는 게 필요하다 봅니다. 민족교육을 받은 사람들은 그래도 가치관이 달라지기 때문입니다.

저는 그런 것을 보면서 느끼는 게, 다른 것보다 민족교육을 통하여 우리말을 옳게 가르칠 수 있고 접할 수 있는 기회를 만들어주면 재일동포들이 한국인에 대한 마인드를 가지고 자기 나라라고 생각할 수 있으니까, 우선 그런 것을 접할 수 있는 기회를 만들어주어야 한다고 봅니다.

또 3세들이 태어났을 때 어릴 때부터 교육이라든지, 그렇지 않으면 설날이나 추석 등 그런 특별한 날일 때 관계를 갖게끔 만들어주었을 때 그 아이들이 계속 한국인이다는 인식을 가질 수 있지 않을까 생각합니다. 다시 말하면 지금 현재 3세들이 귀화하여 일본에 거주하는 것을 나쁘게 볼 것이 아니고 4세들도 있으니까 그들에게 한국적인 것들을 가르쳐 줄 수 있도록 하자는 것입니다. 우리들도 이러한 일을 할 수 있지만, 대한민국에서 프로그램을 만들고 대학에서도 또 전남이라도 괜찮으니까 어린애들을 위한 타이밍을 맞추어 조상을 모시는 것이 이런 것이다 또는 조상님들은 이렇게 살아왔다는 발자취를 가르쳐 준다면 하는 생각입니다. 그것을 해주면, 결과적으로 재일동포들은 한국의 모든 이들이 살아가는 모습 속에서 우리의 뿌리는 대한민국이었으며, 선조들은 그렇게 살아왔고, 나는 한국인이다라는 자부심을 느끼게 될 것입니다. 그런 생각이 드는 것은 제 혼자만의 생각이 아닐 것으로 확신합니다.

Q : 너무 감사합니다. 장시간 동안 대담에 임하여 주셔서 고맙습니다.
   건강하시고 한국의 김치를 널리 홍보해 주시기 바랍니다.

한국 문화를 전파하는 고려무역 재팬

- 이름 : 박양기
- 구술일자 : 2013년 2월 22일
- 구술장소 : 고려무역
- 구술시간 : 118분
- 구술면담자 : 정희선, 김인덕, 동선희
- 촬영 및 녹음 : 성주현

박
양
기

■ 박양기

전남 광양 출신. 한국무역협회가 100% 출자한 고려무역 주재원으로 일본에서 근무하다가 고려무역을 청산할 때 현지법인이던 "고려무역 재팬"을 인수하여 현재 대표이사를 맡고 있다. 고려무역 재팬은 인삼 등 한국의 특산품을 일본으로 수출하고 있다. 이외에 '비빔'이라는 아이템으로 한국 음식점을 경영하고 있는데, 현재 일본 오사카에만 6개의 체인점을 둘 정도로 사업을 확장하였다. 또한 뉴커머를 중심으로 한 재일본관서한국인연합회 회장으로 활동하고 있다.

■ 인터뷰에 관해

박양기 사장의 인터뷰는 고려무역 재팬 사무실에서 진행되었다. 활기 넘치는 사무실의 분위기에서 일본에서 성공한 기업인의 모습을 확인할 수 있었으며, 인터뷰하는 동안에도 외부에서 한국음식점 프렌차이즈에 대한 문의도 적지 않았다. 자신감 넘치는 박양기 씨는 인터뷰 내내 일본에서 기업인으로서 어떻게 살아야 하는가에 대한 모습을 잘 보여주었다. 특히 주재원으로 경험한 것이 한국인으로서의 정체성을 지키는데 중요한 역할을 하였음을 알 수 있었다. 인터뷰가 끝난 후에는 고려무역 재팬에서 운영하고 있는 '비빔'에서 한국 전통음식의 맛을 볼 수 있었다.

■ 구술 내용

일본에 온 배경

Q : 반갑습니다. 일본에는 언제 오셨는지요?

A : 한국무역협회가 100% 투자한 고려무역이라는 회사에 근무하면서
일본과 인연을 맺게 됩니다. 고려무역은 우리나라의 중소기업의
수출확대를 지원하기 위한 회사로, 저는 회사에 입사한 후 1990년
도에 일본 주재원으로 나오게 됩니다. 그때는 '고려무역 재팬'이라
고 오사카에 있었습니다. 현지법인이었지요.

주재원으로 나와서 근무를 하였는데 나중에 고려무역 재팬에서
동경에 지점을 만듭니다. 그러다가 본점이 동경으로 이전하면서
제가 오사카 지점장을 맡게 되었습니다.

1997년에 한국에서 IMF사태가 오고 정부투자기관들이 많이 축소
되었죠. 그때만 해도 고려무역에 해외 지사로 로테르담, LA, 동경,
오사카 등 4군데에 지사가 있었는데 처음에 본사에서 이 모든 지
사를 다 없애기로 방침을 정하였어요. 그런데 당시 오사카 지점은
그래도 흑자가 나고 있었지요. 그래서 오사카지사 하나만 남기게
되었어요. 다시 오사카 지점이 고려무역 재팬 현지법인 본사가 된
것이죠. 그리고 오사카 본사의 대표이사를 제가 맡게 되었는데
1998년도에 정부에서 고려무역 자체를 아예 없애는 걸로 다시 결
정을 하였습니다.

크게 실망을 하였지만 저는 결과에 대해 무어라 말할 수 없는 처
지였기에 오히려 제가 부탁을 드렸죠. 그 당시 우리 회사는 무역
협회가 관할을 했습니다. 무역협회가 청산팀을 만들어 청산작업
을 하는데 "제가 고려무역 재팬을 인수하겠습니다."라고 청산팀에
제안을 했습니다. 그때 회사의 자산이 채무초과로서 -3억 엔 정도

였어요. 다 정리하고 갚아야할 게 3억 엔이란 이야기죠. 주변에선 회사를 인수하는 것은 위험하다며 반대가 심했습니다. 왜냐하면 당시 500만 엔에서 1,000만 엔이면 주식회사를 만들 수 있으니까요. 모두 무모하다고 생각했죠. 무역협회 자체에서도 승인을 안 해줬어요. 3억 엔이 마이너스가 되었던지, 100억 엔이 마이너스이던지 무역협회에서는 청산팀이 깨끗이 정리하면 끝이라는 생각을 가지고 있었으니까요. 오히려 줄 거 있으면 주고 깨끗하게 정리를 해야만 되는 거라고 설명하였습니다. 괜히 누구한테 넘겼다고 이야기가 나오면 특혜를 줬다, 문제점이 있다 해서 굉장히 시끄러워질 것이라고 하여 사실상 인수가 어려웠죠. 특히 그 당시 상황으로는 청산팀이 개인회사가 아닌 공적회사를 개인에게 넘길 수 없다고 했습니다. 그래서 저는 여러 거래처에서 수백 건의 탄원서를 받았어요.

고려무역 재팬의 사무실

박양기 사장이 운영하는
고려무역 재팬

불가능하다고 판단되어 포기할까 생각도 해 보았습니다. 하지만
그대로 물러설 수는 없었죠. 고려무역 재팬의 최초 이름은 '고려
무역 오사카'였어요. 동경이 생기고 그러면서 이름이 '고려무역 재
팬'으로 바뀌었고요. 우리 재일동포들에게 알려진 이름, 저는 그
것이 큰 자산이요 홍보효과를 가져오리라 확신하였거든요. 그런
상황이어서 꼭 인수해야겠다고 다시 마음을 다잡았습니다. 저의
강한 집념이 알려지자 여러 기관, 단체에서 도와주기 시작하였지
만 너무 어려웠어요.

그런 상황에서 청산팀 대표에게서 연락이 왔어요. 청산팀 대표로
는 무역협회 기획조정실에 있던 분이 나왔는데 정 그렇다면 검토
를 해보겠다고 했습니다. 그리고는 무역협회에 결재를 올렸어요.
그러나 쉽게 승인이 나지는 않았습니다. 많은 시간을 끌다가 마침
내 결재가 났어요. 당시 협회장님으로는 구평회 회장님이었어요.
조건은 간단한 것이었어요. '1엔에 포괄적인 채권 채무를 인수한
다.'는 것이었어요. 결국은 '약 3억 1엔'에 고려무역 재팬을 인수하
게 되었어요. 당연히 이 돈은 부채가 되었죠.

Q : 업종은 주로 무역에 관한 것인가요?
A : 무역상품은 저희가 그 전에부터 계속해왔던 건강가공식품으로 고
려인삼이 주된 아이템이었죠. 그 외에도 한국의 유자차와 한국 전
통주를 수입하였습니다. 마침 저희는 술을 수입하고 판매할 수 있
는 면허가 있습니다. 그런 면허가 없었으면 할 수 없었을 것입니

다. 그 다음에 한국식 돌식기와 같은 돌에 관계된 것과, 주방 숟
가락 젓가락 이런 것이었죠. 직접 매장에서 쓰기도 하고 판매도
하고 있어요.

고려인삼 등 일본에 수입

Q : 다양한 제품으로 승부를 거셨군요?

A : 건강식품은 처음에 무역으로서 했던 거고, 돌식기 이런 건 외식사
업을 하다보니까 대량으로 쓰게 되어 있고, 상품으로서 판매도 하
고 저희들이 쓸 것은 쓰고 그렇습니다.

Q : 그러면 일본 상품을 판매하고 수입하는 것은 어떤 것이 있는지요?

A : 전혀 없습니다. 한국 것만 100% 수입판매하고 있습니다.

Q : 죄송합니다만 요즘처럼 어려운 시절에 어떠신가요?

A : 사실 상당히 어렵죠. 왜 어렵냐면 한국식품이라는 것이 누구나 취
급하기가 쉬워요. 특별한 노하우가 필요 없기 때문에 많은 재일교
포들이 손쉽게 손을 대고 그래요. 그러다보니 가격면에서 덤핑을
하는 등 상도의를 파괴시키고 더 싸게 싸게 만을 고집하다보니까
자꾸 문제가 생기고 그래요. 일본에서는 이를 도모구이[1]라고 하
는데, 결과는 같이 죽는 것이죠.

Q : 한류와 한국 물품과는 언제부터 관련이 있었는지요?

A : 저희들이 취급하는 상품은 한류와는 직접적으로 관련은 없지요.
물론 한류는 예전부터 있었지만 한류가 반응을 보인 것은 김치가

---

[1] 도모구이(共喰い) : 서로 잡아먹기.

고려무역센터에서 취급하는 한국 상품 진열장

알려지게 되면서부터라 하겠지요. 이런 것은 동포들이 먼저 홍보
를 시작한 것으로 한류에 공헌을 한 것이라 봐요.

여러분도 잘 아시겠지만 가장 역할을 크게 한 게 한국 드라마인
데, 그중 폭발적인 게 〈겨울연가〉의 욘사마[2]이고, 그게 터지고 〈대
장금〉이라든지, 이런 쪽으로 나가면서 일본 사람들이 한국을 자
주 방문하고 한국 음식을 접하면서 그렇게 되죠. 한국 문화가 생
기고 비빔밥 이런 거 많이 알게 되고 김치, 야키니쿠[3]뿐만 아닌
한식문화가 다양화되고, 이런 와중에서 신오쿠보[4]에 코리안타운
이 형성되었어요. 그러나 처음에는 크게 활성화되지 못했어요. 그
게 폭발적으로 된 게 k-pop[5]이 뜨게 되면서죠. 그때부터 시작해

---

[2] 〈겨울연가〉 드라마의 남자 주인공 역할을 했던 배용준을 일컫는다.
[3] 불고기(燒肉).
[4] 도쿄(東京) 신오쿠보(新大久保).

서 인기를 끌고 그랬죠. 이후 코리안타운이 커지고 한국 물량이 많이 들어오고, 또 한국 음식점들도 많이 생기고요. 일본인들이 지속적으로 계속 찾게 되니까.

'비빔' 아이템과 프렌차이즈

Q : '비빔'6)쪽이 영향이 있었나요?

A : 그렇죠. 아무래도 비빔이 한국 맛을 잘 모르는 사람들에게 한국의 맛을 전파하고 있죠. 지금까지는 야키니쿠라든지, 김치도 그렇고 교포들이 운영하는 음식점이 많다 보니 일본화된 그런 맛이 많았 지요.

Q : 이벤트 사업에 대하여 설명 좀 해주세요.

A : 그래요. 저희 회사는 조금 전에 말씀드린 대로 그런 상품의 무역 을 하면서 또, 이벤트 사업도 합니다. 조금 했었어요.(웃음) 어떻 게 했냐면 우리 회사가 무역협회 산하일 때 코트라7)의 사장과 우 리 사장이 같을 때도 있었어요. 서로 관계도 좀 있었고요. 물론 큰 인적 관계는 없었지만 윗분들은 왔다 갔다 하고 그랬지요.

그런데 1986년 아시안게임, 1988년 서울올림픽 그런 행사를 치르 면서 일본에서 한국붐이 생깁니다. 이때만 해도 일본에서는 한국 에 관한 이벤트 행사가 많지 않은 상황이었거든요. 그걸 예전에는 주로 코트라가 맡아서 했습니다. 백화점에서 판매업체를 관리해 서 음식물도 팔고 도자기, 옷도 팔고 등등 했는데 여러 문제가 발 생했어요.

---

5) 해외에서 한국 음악을 통칭해서 부르는 단어.
6) 고려무역(주)에 운영하는 한국음식점 상호.
7) 대한무역진흥공사(KOTRA).

예를 들면 자리 문제인데 각 업체들이 좋은 자리를 차지하려고 내가 앞자리냐 뒷자리냐로 다투는 등 여러 가지 문제가 생기고, 이걸 코트라가 직접 해결할 일이 아니다 해서 업체에 넘기기로 하고 자연스럽게 저희가 대행사 노릇을 했죠. 그런 이벤트 사업도 왕성히 하고, 그렇다보니 각 도나 시 이런 기관에서 한국 행사를 할 때 주로 저희한테 맡겨서 하게 되었는데. 일본에는 박람회 그런 게 많았거든요. 한국 상품에 관한 한 저희가 거의 다 나갔죠.

Q : 그것과 함께 '비빔'이라는 것에 대해서 설명 부탁드립니다. 그리고 대표적인 이벤트는 어떤 것이었는지요?

A : 비빔은 말 그대로 비빔밥에서 나온 말입니다. 물론 밥을 비비다 는 뜻도 있지만 일본에 한국식 문화를 섞는 다른 의미도 있습니다. 저희는 로고를 "bibim"으로 쓰고 있습니다. 그리고 대폭적인 이벤트 사업은 만국박람회와 '재팬엑스포'라고 약 세 달 정도 하는 행사가 있습니다.

식당 비빔 상호

Q : 재팬엑스포는 매년 하는 건지요?

A : 매년 하는 것은 아니고 2년에 한 번, 3년에 한 번 하곤 합니다. 지금은 거의 안하는데요, 일본통산성에서 정식으로 그 이름을 쓰게 해줍니다. 만국박람회처럼 BIE[8])에서 승인해 주는 것이 국제박람

---

8) Bureau International des Expositions. 국제박람회기구.

회인데, 재팬엑스포는 BIE사업은 아니고 일본통산성에서 승인을
해주는 그런 박람회입니다.

그걸 승인해주려면 조건이 있어야 해요. 어느 정도 이상의 기간에
동원할 인원은 몇 명 이상, 규모는 어떻게 되어야 하고. 그런 조건
을 충족해야 됩니다. 개최비 일부를 국가에서 일부 지원해줘요.
일본의 경우는 엑스포 행사를 많이 하는 편으로 일부 지자체에서
박람회 이름 붙여서 쓰기도 하고, 국제박람회를 개최하기도 하죠.
그중 저희가 참가한 큰 박람회는 1990년대 '오사카 꽃박람회'로 제
가 일본에 처음 근무를 시작한 때로 지금 준비하는 순천 정원박람
회하고 비슷한 박람회인데 엄청 크게 했어요. 그때 당시 꽃 박람
회에 몇천만 명이 왔어요. 그때 고려무역이 일부 상품판매코너를
맡아서 했어요.

2005년도에 아이치현에서 만국박람회9)를 했는데, 이때도 고려무
역이 참가했으며 개별기업으로 제일 큰 레스토랑을 운영해요. 그
게 '월드 레스토랑'이라 해서 면적은 전체적으로 천 평 정도 되었
습니다. 그 안에 한국, 동남아시아, 유럽, 중국, 일본, 테이크 아웃
이렇게 구성되어있었어요.

만국박람회에 레스토랑 운영

Q : 일명 푸드코트식인가요?

A : 그런 식으로 구성을 하였어요. 저희가 생각을 했는데 무역은 무역
이고. 이벤트에 참가하면서 레스토랑을 하다보니까 박람회 등 이
벤트가 있을 때는 하고 없을 때는 안하고 하였던 거죠. 그러다보
니 보관된 집기가 녹슬게 되고. 그래서 고정 음식점이 필요하겠다

---

9) 2005년 일본 국제박람회로 나고야에서 개최되었다. 슬로건은 "지구의 빛나는 내
일을 위해, 우리들의 꿈을 실현하기 위해"였다.

생각했지요. 아이치박람회는 2005년 9월 말에 끝났죠. 그 중간쯤
에 식당 할만한 장소를 찾았죠. 여러 곳을 알아봤는데 점포를 주
지 않더라고요. 좋은 장소는 저희가 들어갈 수 없었어요. 입점할
수가 없더라고요.

Q : 자금 때문에 그런 것인가요?
A : 자금은 문제가 없었어요. 지금 와서 생각해 보니까 이해가 되는데
사실 저희는 고정 식당 실적이 없잖아요. 노하우가 없는지 있는지
모르므로 평가할 수가 없고 또 평가를 할 수 없으니까 입점을 안
시켜줘요.

Q : 그럴 때 한국 사람이라고 차별받아서 입점이 안 되고 그런 거는
없었죠?
A : 그런 건 없죠. 한국 사람이라고 안 되는 건 아니지만, 평가할 땐
좀 하겠죠. 신용도라든지, 이런 거를 봤겠지요.

Q : 한국 음식 냄새 때문이라든가?
A : 그건 아니에요. 그때만 해도 한국 음식 붐이 일어나려고 그랬었어
요. 박람회 같은 데서 이벤트 해보면 김밥, 지짐이, 냉면 이런 거
좋아하고. 그때가 2006년이니까 한국드라마 이런 거 계속했기 때
문에 음식 냄새 이런 것은 문제가 전혀 없었어요. 1990년경만 해
도 백화점 행사장에 김치를 펼쳐놨잖아요. 그럼 밑에 층에서 올라
오고 그랬어요. 냄새나니까 김치 덮으라고.
사실 1980년도 1990년 초에는 김치를 팔더라도 냄새 덜 나게 하려
고 노력 많이 했습니다. 그렇게 하고 그랬어요. 그렇게 여러 박람
회를 참가하고 2005년 아이치박람회가 끝나고 오사카 난바 쪽 지

하상가에 가게를 하나 얻었어요. 지금 생각해보니까 그렇게 입지
가 좋은 곳은 아니었는데도 아무나 주는 건 아니었어요. 한 열세
평쯤 되는 조그마한 가게입니다. 그 다음에는 어떤 음식을 해야
하나 어떤 콘셉트로 가야하는지 중요하잖아요. 그리고 전문성이
있어야 하잖아요. 뭘 하냐. 국밥집을 해야 하나, 고기 집을 해야
하나.

제가 나름대로 생각한 한국음식 중 비빔밥은 알려져 있으나 순두
부는 잘 알려지지 않았어요. 밥은 물론 백반도 있는데 돌솥압력밥
솥에 하는 쪽으로 콘셉트를 잡았죠. 김치찌개, 된장찌개 이런 건
안하겠다. 일반적인 그런 거 하는 식당이 아닌 쪽으로 갔죠. 그리
고 주방을 손님들이 볼 수 있게 오픈 한다. 저희가 가지고 있는 6
개 식당 주방은 모두 고객들이 볼 수 있게 되어있어요. 저희가 최
초일 거예요. 주방을 왜 오픈했냐면 주방에서 무엇을 어떻게 만들
어서 나왔는지, 주방 안이 지저분한지 손님들은 모른단 말이에요.
주방을 오픈하고 나니까 종업원 스스로가 깨끗하게 할 수밖에 없
잖아요.

한국 음식과 일본인 정서

Q : 일본인들의 정서를 아신 거죠?

A : 알기도 했고 또 그렇게 만들기로 했죠. 그때만 해도 색동저고리,
그리고 인형이 저고리 입고 있는 모습이 대부분이었습니다. 저희
는 그런 콘셉보다는 카페 분위기로 하자. 그랬더니 젊은 사람들이
찾아왔죠. 저는 주로 타깃을 젊은 여성분들로 했죠. 맛은 오리지
널로 하자. 그리고 민속 분위기로 가는 그런 시대는 지났다. 금액
도 점심 저녁 중 점심은 천 엔 이하, 저녁은 이천 엔 이하로 했어
요.

그런데 맛을 내야 하지 않겠습니까? 처음 1호점을 낼 때부터 시작해서 CK[10]를 만들었어요. 점포가 한 개 밖에 없는데 무슨 CK냐고 다들 반대했지만 앞으로 점포를 늘려야 하고 어디나 마찬가지겠지만 각 가게에 주방장한테 모든 걸 맡겨두면 점포마다 맛이 틀리기 때문에 체인점의 기능을 할 수 없잖아요. 처음부터 규칙을 만들었죠. CK는 규격화를 위한 것이고 맛의 표준화를 위한 것이었지요. 많은 반대를 무릅쓰고 시작했어요. 많은 시행착오도 거치고요. 굉장히 어려웠어요. 간단하지가 않더라고요.

그 다음해에 젊은 여성들이 자주 가는 백화점을 공략했어요. 그런 곳에 입주를 하게 되었죠. 점포를 하나둘씩 늘려 6개가 되었는데 그러다 보니까 목이 좋은 곳에서 입주를 안 하겠냐 거꾸로 제안이 들어옵니다. 전체적으로 콘셉이 다 똑같고. 주방이 오픈 되어 있고 실내 분위기가 카페 분위기식으로 되어 있고.

Q : 가게가 6개가 있는데 제일 애정이 가는 곳은?
A : 애정보다도 매상이 가장 많이 오른 곳이 제일 좋죠.(웃음)

Q : 매상은 어느 곳이 제일 좋은가요?
A : 시작한지 지금 5년 되었는데 처음부터 지금까지 계속 1등을 하고 있는 니시노미야(西宮)점포가 있어요. 니시노미야(西宮)는 고베(神戸) 가는 쪽으로 오사카에서는 15분이면 갑니다. 거기가 제일 매상이 많죠. 지난 5년 동안 계속 1등하고 있어요.

Q : 회사나 가게에 직원들은 국적은 어떻습니까?

---

10) Central Kitchen.

A : 각각 3분의 1 같은데요. 정직원이 40명 정도 되는데 일본 사람들이 3분의 1, 한국 사람이 3분의 1, 재일교포 3분의 1이에요.

Q : 최고의 구성이라고 봐도 될까요?.

A : 우연히 이렇게 된 거예요. 어떻게 하다 보니 그렇게 되어 있더라고요. 물론 중국 사람도 한 둘인가 있어요.

Q : 종업원들에게 애정은 골고루 주고 있나요?

A : 예. 애정을 떠나서 시스템화 되어 있고 조직화되어 있기 때문에 비교적 잘 움직이죠. 국적에 대한 차별이라든지 한국말을 못 하냐 잘 하냐, 그런 거 필요 없어요. 물론 한국말이 필요하면 해야 하고 필요 없으면 따지지 않아요.

Q : 한국에서 온 유학생들을 특별히 선호하지는 않는지요?

A : 선호하고 안하는 게 아니라, 필요에 따라 선별하는 편입니다. 사실 내일 모레도 코트라에서 취업박람회가 있더라고요. 박람회에 10개 기업 정도가 나가는데 저희도 한 기업으로 나갑니다. 학생 200명 정도 참가하는 유학생 취업박람회입니다.

Q : 일본에서 개최됩니까?

A : 네. 일본에서. 우리, 삼성, 포스코 등 10개 기업으로 제법 많아요. 유학생들은 좋은 기회가 되겠지요. 조금은 이런 게 있어요. 한국 사람하고 일본사람하고의 차이점이라고 할까, 한국 사람들을 나쁘다고 볼 수 없는 사항인데, 일단 많은 한국 사람들은 빨리 회사에서 독립하려고 생각하고 있는 것 같아요. 독립을 하려는 그런 생각은 좋은데 회사 차원에서 보면 어느 정도 시간이 지나고 이제

일을 알만 하면 나가려고 하는 데 좋은 점수를 줄 수 없잖아요?
일본 사람들은 잘 안 그래요.

그래서 제가 항상 얘기하죠. 독립하는 건 좋은데 독립을 원하는
대부분 사람들을 보면 회사 생활을 그렇게 잘한 사람들이 독립한
다고 하지 않는다는 것이죠. 그러므로 회사 내 당신의 포지션에서
맡은 바 일을 성공시키고 그걸 기초로 자신의 능력을 키우고 그
능력의 바탕 위에 실력이 있다고 판단되면 나가도 좋다 이거죠.
거기서 성공하면 다른 데 가서도 성공을 할 수 있다. 회사 생활이
재미가 없으니까 나가서 뭘 해보겠다거나, 뭘 좀 아니까 내가 나
가서 직접 하면 월급 받는 것보다 낫겠다고 생각하고 쉽게 덤비는
것. 그건 쉽지 않아요.

사훈 '새로운 각오'

Q : 혹시 사장님께서 사원이나 회사를 경영할 때 경영방식이 있는지
요?

A : 사훈이 있지요. 우리 회사의 사훈은 '새로운 각오' '새로운 도전'
'새로운 도약', 즉 새롭게 각오를 하고 새롭게 도전하여 새롭게 도
약하자는 뜻입니다. 각오와 도전과 도약인데, '새로운'을 내걸었습
니다.

슬로건은 매년 바꿔서 사용하고 있는데 올해 슬로건은 '항상 긴장
감을 가지고 자기 자신을 극복하자'는 것입니다. 항상 긴장하되
자기 자신이 특히 긴장하라는 것이죠. 외식사업은 특히 사고 위험
요소가 많으니까. 영업도 마찬가지고. 항상 긴장감을 가지고 자기
자신을 극복하자는 구호는, 자기 자신을 극복하지 못하는 사람은
남을 설득할 수 없다고 생각하기 때문이죠.

Q : 사장님은 항상 긴장감 속에서 계속 살아오신 거죠?

A : 농담이 아니고, 거의 매일 제가 1등으로 출근합니다. 그래서 지금까지도 사장이라고 해도 월급도 받고 출근도 특별한 일 빼고는 항상 먼저 나오고. 나는 8시 10분 정도면 나와요. 출근시간은 9시인데.

Q : 일본에 오셔서 1990년대 이후 쭉 사셨잖아요. 회사 일 말고 처음에 어려운 점이 없었는지요?

A : 그게, 주재원으로 와서 처음 월급도 많았어요. 해외 근무수당 등 모든 경비를 엔화로 받고 그러니까 많죠. 금전적으로 어려운 문제도 없었고, 크게 실적이 있든지 없든지 보너스가 꼬박꼬박 나오지, 월급 나오지 그랬어요.

자녀는 지금 1남 1녀에요. 당시 하나는 5살, 하나는 1살 반이었죠. 아들, 딸 그때 일본에 와서 지금은 다 컸죠. 주말에는 주로 골프 치러 다니고 가족 데리고 드라이브 가고. 주재원 시절은 좋았던 거 같아요.

처음 일본에 와서 집을 얻으려 했을 때 힘들었죠. 집을 안주더라고요. 당시는 차별이 좀 있었어요. 김치 냄새 난다고. 이래서 보증인을 일본인 2명 세워야 하고 어디 근무한다고 이력서 내야하고. 그걸 보고 통과해야만 집을 주고 그랬어요. 건국학교라고 민족학교가 있는 지금도 그쪽에 살지만, 애들 학교 가까운 데로 갔죠. 걸어가야 하니까요. 지금도 그렇게 살다보니까 3번 이사를 갔지만 그 근처 살고 있어요.

그리고 있다가 회사를 폐사시키기로 결정되었지요. 은행 지원은 올 스톱되었죠. 거래처도 끊기고 직원들도 나가고 여러 가지로 상황이 참 어렵더라고요. 상대 회사 사원들 보는 시각도 그렇고요.

또 당시만 해도 백화점에서 한국물산전을 하게 되면 영사관에서 후원을 많이 해줬어요. 그런데 상황이 이렇게 되고 나서 후원을 해야 하나 말아야 하나 굉장히 많은 얘기가 있었대요. 여기 일본에는 10개의 영사관이 있어요. 만약 그 친구가 백화점에서 돈을 받아서 도망가면 어떻게 하느냐, 누가 책임을 지느냐, 하는 문제가 발생하니 후원하는 것 자체가 문제가 되었던 것이지요. 그렇지만 많은 영사관들로부터 한국물산전에 대한 후원을 받게 되었습니다. 그리고 은행여신이 없기 때문에 현금으로 사고 팔 수 있는 그런 장사 아니면 안 되었습니다.

Q : 집 얻는 거 말고는 힘든 것은 없었나요?
A : 표면적으로 한국 사람들이 많이 오고. 일본 사람들이 한국 사람들을 왕따시키고 그런 것은 별로 없어요.

Q : 학교에 자녀들 보내는 것은 불편하지 않으셨어요?
A : 뭐, 민족학교인 건국학교 보냈으니까 불편은 없어요.

Q : 그러면 대학은 어디로 보냈나요?
A : 작은 애는 딸인데 초등학교까지 건국학교를 졸업하고 중학교 때부터 일본 사립학교를 다니고 일본 대학을 들어갔죠. 졸업하고 취직했고. 큰 애는 초등학교부터 고등학교까지 건국학교를 다니고 한국에 있는 대학교를 졸업하고 일본회사에 취직해 있습니다.

Q : 주로 사시는 곳은 여기서 사는지요?
A : 예. 다 같이 살고 있습니다. 집은 나가이(長居)에서 걸어서 10분 정도 되요.

Q : 자이니치[11]인데, 대출 등 은행을 이용하는데 불편한 점은 없는지
요?

A : 은행 대출 큰 문제없었어요. 오히려 저희는 일본 은행을 많이 이
용합니다. 한국계 은행은 대부분 이자가 비싸서요. 다행히 일본
은행이 한국 사람이라고 차별 안합니다. 회사 실적이나 신용도 그
런걸 보면서 평가를 하지죠.

뉴커머 단체 한인회 조직

Q : 사장님께는 오사카 지역의 대표적인 뉴커머라고 하던데 맞나요?

A : 관서 지역인 오사카를 중심으로 한 한인회 회장을 맡고 있습니다.
관동지역인 동경은 한인회가 10여 년쯤 빨리 생겼어요. 2010년인
가 11년쯤 되었을 거예요. 저한테 오사카에도 한인회를 만들면 어
떻겠냐고 전화가 왔었어요. 사실 몇 년 전쯤부터 계속 연락이 왔
었지만 그때만 해도 저는 한인회의 필요성을 느끼지 못하고 있었
어요.
지금도 마찬가지지만 당시 저는 민단 사람들하고 관계도 좋았기
때문이었죠. 그런 상황에서 구태여 한인회를 만들어서 트라우마
를 발생시킬 일이 있나 해서 만들지 않았어요. 2010년도 5월에 제
가 당시 민주평통 자문위원 행사 때문에 한국에 갔는데 동경한인
회에서 전임 회장하고 3명인가 왔더라고요. 거기 붙들려서 밤새
설득을 당했어요. 그래서 오사카에 돌아와서 주위의 얘기도 들어
보고 하였죠. 그랬더니 지금 시대에는 한인회의 필요성이 있지 않
느냐는 공감대가 형성되었어요. 한 번 해보자고 많은 분들이 의견
도 있고 해서 그래서 준비위원장을 공동으로 하였죠.

---

11) '재일코리안'을 일본어로 부른 말.

당시에는 회장할 생각은 전혀 없었어요. 여러 가지 일도 많고, 가게 오픈도 해야 하였고. 다른 사람이 회장을 하기로 하여 열심히 도왔죠. 나중에 그분이 도저히 못하겠다고 해서 제가 어쩔 수 없이 맡아야했어요.

9월 29일로 총회 날짜를 잡아놨어요. 2010년 9월 29일에 총회를 한다고. 미리 임원도 선정해 놓고 했는데, 사실은 여러 가지 동포사회 문제가 생긴 거예요. 한인회가 동경 하나만 있을 때는 조용하고 별로 문제가 없었어요. 근데 오사카에 한인회가 생긴다고 했을 때 문제가 생긴 거예요. 민단에서 회의가 열리고 인정해야 하나, 말아야 하나 하는 문제로 복잡하게 일이 꼬였어요.

그래서 제가 나서 민단 단장님이랑 설득을 했죠. 알아달라고. 민단과 분리하자는 게 아니다. 우리 동포사회를 분열하자는 게 아니다. 뉴커머들이 오사카에 3만 명 정도 있는데 정확히 알 수도 없고. 그 사람들이다 민단에 들어가는 것도 아니고, 커뮤니케이션도 없음을 강조하였죠.

제가 주로 강조한 게 여기 일본에는 쪼나이까이[12]라고 마을회가 잘 되어 있어요. 큰 지진이라든지 재앙이라든지 일어나면 비상연락망이 있어서 금방 안부를 알 수 있어요. 근데 우리 한국인들은 누가 어디서 어떻게 죽어도 알 수가 없을 정도입니다. 물론 민단 사람들은 조직이 되어 있어서 알 수가 있는데, 우리들 뉴커머는 알 수가 없어요. 그래서 그런 것도 필요하고 정보교환도 해야 한다. 그래서 필요하다. 그래서 이해해 달라고 계속 설득을 했죠.

하여간 총회 1부는 단장님은 다른 일이 있어 못 오시고 2부만 참석하시기로 되었지만, 다들 초대하기로 해서 행사 준비를 잘 끝마

---

12) 町内会.

쳤죠. 그런데 당일 날인 29일이 되자 아침부터 전화가 왔어요. 사실 저는 총회 시작보다 조금 일찍 가서 정리하고 준비하려고 나가려는 중이었어요.

그런데 조금은 당황스러운 내용이었어요. 어제도 민단에서 늦은 시간까지 회의가 있었다고. 근데 한인회 회칙에 있는 회원 자격이 문제가 되었다는 것입니다. 한인회 회원 자격이 대한민국 국민으로서 라고 되었는데, 그러면 우리 올드커머도 회원이 되는 것 아니냐 그러는 거예요. 물론 들어올 수도 있지만 올드커머를 대상으로 하는 것도 아닌데. 지금 어떻게 합니까? 하고 되물으니 그러면 그걸 빼든지 단서조항을 넣어 달라는 겁니다. 근데 책자도 이미 인쇄가 되었고 하니 현실적으로 안 된다. 그러므로 그냥 가야 된다고 그랬더니 민단은 빠지겠다는 거예요.

어쨌든 우여곡절 끝에 총회는 시작했는데 미리 잘 준비한 덕분에 일사천리로 진행되었고, 참석한 수백 명이 축하해주고…

Q : 총회는 어디서 했나요?

A : 다카츠가덴[13]라고 전문적으로 행사를 하는 데입니다. 오사카 지사와 몇 군데 시 지사 이런 분들이 축전도 보내주시고 성황리에 잘 끝냈어요. 2부 행사 때는 총영사 및 민단 단장 등 여러분이 축사도 해주고 잘 출범했어요. 저는 인사말을 통하여 저희 한인회는 분열을 하자는 게 아니고 같이 가자는 뜻에서 흩어져 있는 뉴커머를 결성한 것이다. 그러므로 민단하고 뭔가 뜻깊은 일을 하겠다고 했거든요.

그 다음해 2011년 5월에 민단하고 한마당을 합니다. 2012년에도

---

13) 다카츠가덴(takatsu garden).

했습니다. 성황을 이뤘죠. 올해도 하려고 하고 있고요. 동포사회
에 그런 행사가 주기적으로 없었던 것이어서 신선하게 받아들였
죠. 그동안 민단 자체 행사로 한두 번 했었다고 그러더라고요. 교
포사회는 상공회의소 등 여기 12개 단체가 있어요. 그러한 단체들
이 뭉쳐서 실행위원회를 만들어서 사업을 하자고 했어요. 다들 놀
래는 거예요.

Q : 그러면 한인회의 회칙은 동경과 다른가요?
A : 조금 틀려요. 큰 틀은 같은데, 재정이나 예산 문제 이런 게 조금
틀려요.

Q : 현재 한인회 구성원은 몇 명 정도인지요?
A : 지금 천 한 삼십 명 정도 되는 걸로 알아요.

Q : 단체 이름이 정확히 어떻게 되는지요?
A : 재일본관서한국인 연합회. 관서는 오사카를 포함해서 고베(神戸),
교토(京都), 와카야마(和歌山), 나라(奈郞) 이런 지역을 관서지역
이라고 하거든요. 저희가 생긴 뒤로 후쿠오카(福岡)가 생겼죠. 그
리고 나고야(名古屋)가 생기고 해서 지금 일본전국에 4군데 한인
회가 있습니다. 이번에 25일 날 대한민국의 대통령 취임식 때 가
거든요. 여러 사람들 모이는데 25일 저녁에 일본한인회는 따로 워
크숍하기로 했어요. 취임식 끝내고.

올드커머와 뉴커머 협력에 앞장
Q : 조총련하고는 별로 관계가 없는 거죠?
A : 거의 없다고 봐야죠. 조총련 쪽에는 관심도 안 갖고 있고, 뉴커머

들은 한국에서 태어났기 때문인지 자연스럽게 거리감을 두고 있는 것 같습니다.

Q : 오사카에서 한인회나 단체 활동하시면 아마도 올드커머랑 부딪칠 일들이 계속 있으신 거죠?

A : 요새 그런 조짐이 조금 보이기도 하네요. 지금까지는 저희 예산으로, 저희 회비로 활동을 해왔어요. 일반회원은 회비가 없습니다. 처음에 입회비라고 입회할 때 이천 엔씩 받아요. 유학생은 천 엔, 20세 이하는 미성년이니까 자격이 없고요. 임원들은 이사부터 회비를 냅니다. 그 회비로 운영하고 있어요.

근데 조직이 커지고 사업을 하려다 보니까 예산문제가 생깁니다. 재외동포재단에서 민단에 나가는 예산이 있습니다. 저희도 앞으로는 신청을 해야 합니다. 그런 게 있을 때 민단에서 좋게 생각할지는 모르겠지만. 저희는 차세대 교육에 대하여 중점적으로 고민하고 있어요. 우리 후손들이 민족교육, 한국어교육을 어떻게 할거냐, 이걸 심각하게 생각하는 것이죠.

제일 문제가 차세대의 교육문제죠. 오사카에는 민족학교가 두 개 있어요. 그런데 요새는 주재원들과 뉴커머들이 자녀들은 거기를 많이 안 보냅니다. 한국어 시간이 있긴 한데 그거 가지고는 부족하지 않나 생각해요. 그래서 앞으로 차세대에게 한국말을 어떻게 가르쳐야 하나 그게 제일 심각해요. 뉴커머와 올드커머가 생각하는 자식들에 대한 교육방법이 조금 다를 수 있고. 하지만 크게 부딪칠 사건은 없어요. 민단 조직이 워낙 오래 됐고 선배들이니까 같이 대등하다고 머리 세우고 그럴 수 있는 게 아니고, 항상 머리 숙이고 들어가니까 갈등이 있을 건 없어요.

Q : 그러면 뉴커머 관련해서 한 말씀 더 묻겠습니다. 뉴커머에게 제일 중요한 것은 민족교육인가요?

A : 자녀들 민족교육 중요하죠. 물론 일부 필요성이 없다는 사람들도 있습니다. 우리 자녀들이 일본에서 태어나 일본에서 살고 일본회사에 취직해야 하기 때문에 일본학교에 다니고 한국말에 대한 큰 필요성을 느끼지 않는다면 할 수 없는 거지요. 그래도 뉴커머들은 다들 1세대라 그런지 자녀 손자들에 대해서는 한국말을 잊게 하고 싶지는 않다고 봅니다. 자기나라 말을 잊어버리면 혼을 잊어버리는 것과 마찬가지입니다. 안돼요. 재일동포에 가장 큰 문제점은 아이덴티티도 부족하고 애착도 없는 사람들이 많다는 게 문제이거든요. 그나마 1세라든지 한국말을 배운 사람은 틀리는데, 말이 안 되니까, 소통이 안 되고 모국어는 꼭 공부해야 해요. 그렇게 해야 할 일인데 제대로 안 되고 있다는 겁니다. 조총련 학교 나오면 한국어를 다 잘한다고 해서 한국말을 배우기 위해 일부로 거기를 보내는 교포들도 있어요. 뉴커머 자녀들 중에도 겁 없이 보내는 사람도 있어요. 한국말은 좋겠지만 사상까지도 문제가 되죠. 심각한 문제 아닙니까? 민단에 한국어학원도 있고, 한글 주말교실 이런 것도 있는데 그런 것 가지고는 안 된다고 봅니다. 제대로 된 한국학교가 있어야 해요.

Q : 그래서 아들을 한국으로 보내신 거네요?

A : 저는 그랬죠. 저는 아들을 초등학교 때 1년을 한국에 보냈어요. 저야 주재원으로 왔으니까 상관없는데 애가 고생을 했죠. 왜냐하면 일본 와서 주재원을 하다보면 3~4년 있다가 돌아가야 하잖아요. 저는 근무기간이 연기가 되기도 하고 또 연기시키기도 하고 그랬어요. 그런데 할머니 할아버지가 애 전화를 받아보면 발음이

이상하다고, 이거 안 되겠다고. 저도 여기 살 것도 아니고 언젠가
는 돌아가야 했기에, 4학년 때 아들을 혼자 할머니 댁에 보냈어요.
한국으로 전학을 한거죠. 1년을 지나고 나니까 부모 곁에 있어야
겠다 싶어서 다시 돌아왔어요. 발음이 많이 좋아졌어요. 그래서
와서 생활하다가 대학을 갈 때 문제가 생겼어요. 한국에서 교포들
에게 특례를 받는데 12년간 여기 초중고등학교를 다 나오면 서울
대를 포함한 거의 모든 대학이 간단한 테스트를 거쳐서 면접으로
들어간 데요. 아들이 15년 이상 있었지만 초등학교 1년을 유학을
갔다 오니까 그게 없어진 겁니다. 그래서 다른 애들과 똑같이 특
례 시험을 봤어요. 그런데 나는 그게 잘됐다고 생각합니다. 12년
을 다 채워서 시험 없이 명문대학에 들어가 봐야 제대로 써먹지도
못하고. 그때 1년 동안 한국에 가서 애들하고 놀면서 배운 게 발
음이 좋죠. 집에서는 한국말을 했기 때문에 잘 해요. 그리고 한국
대학을 졸업했기 때문에 지금은 한국말이 완벽합니다.

Q : 식사 같은 경우는 일본식으로 하시나요?
A : 집에서는 한국식으로 하는데, 거의 한국식이 많고 어디 나라 요리
    라고 볼 수 없는 창작요리가 나올 때도 있죠. 일본요리 그런 거는
    왜냐하면 와이프가 일본요리에 대해서 배운 게 아니기 때문에. 대
    신 간단히 스키야키14) 같은 거 집에서 해먹을 수 있으니까 본인
    이 쭉 해왔던 한국요리가 편하죠. 일본요리 우동 같은 거 가끔 나
    오고.

---

14) すきやき(鋤焼き). 쇠고기, 닭고기 등과 야채를 기름, 설탕, 간장 등으로 알맞게
    맛을 내어 전골틀이나 냄비, 벙거짓골 따위에 담고, 국물을 조금 부어 즉석에서
    볶으면서 먹는 일본식 음식.

도쿄에도 사업 확장 중

Q : 동경 쪽도 더 사업을 늘리실 건가요?

A : 물론 계속 늘릴 계획을 세우고 동경에도 몇 번 올라가 자리도 알아보고 했는데 그렇게 썩 좋은 데는 없더라고요. 기존에 좋은 자리는 다 차지하고 있기 때문에 좋은 자리가 나오기는 어려워요. 저희는 아무데나 하는 게 아니고, 유동 인구가 많은 역세권이나 대형쇼핑몰이나 그런 쪽으로 가는 거예요.

Q : 손님의 경향은 어떤지요.

A : 우리는 99% 일본인 상대죠. 항상 거의 일본인이에요. 점심은 비빔밥과 순두부 종류이고, 저녁은 순두부를 포함한 해물전골, 부대찌개 등 찌개 종류로 그냥 냄비에다 안 하고 돌냄비에다가 해요.

Q : 집에 가서 음식 안 만드시나요? 그리고 비빔의 컨셉에 대해서 말씀해주세요.

A : 저는 집이고 가게고 음식은 제가 직접 만들지 않습니다. 그리고 비빔 컨셉에 대해 말씀드리면 그 당시 제가 봤을 때 많은 한국음식점이 색동저고리, 민속그림, 한국인형 등 전통 한국식으로 꼭 표현해야 하나 하는 점이 의문이었어요. 타깃을 어디다 두어야 하나 다시 한번 생각해 보았죠, 일단은 여성이다, 그리고 가벼운 마음으로 들어올 수 있는 카페 분위기니 그런 것이 좋겠다고 생각한 거죠.

주방도 말씀드렸듯이 청결성을 유지하기 위하여, 오픈시켜야겠다고 생각한 거고. 맛은 일본 사람들이 좋아하는 맛으로 바꾸기 위해 매운맛 빼고 마늘 안 넣고 달짝지근하게 하는 게 아니고. 오히려 한국적인 맛으로 승부하자 결정했죠. 사실 맛은 확실하게 얘기

하면 일본 사람들이 한국에 들어와서 맛이 없는데도 상대방을 위해서 '오이시이(おいしい)[15]'하는 것도 있어요. 근데 저희는 진짜 맛있는지 없는지 알 수 있거든요. 저도 물론 다른 외국을 나가봤을 때 맛있는 것은 맛있지 않습니까? 그래서 오리지널을 갖고 와야겠다. 매우니까 빼고 그런 게 아니고. 그러면 맛이 없으니까 맛은 한국 음식 그대로. 한국 음식도 여러 지방에 따라 다 틀리기 때문에 어느 것이 진짜 한국음식이다고 정의할 수 없지만 한국사람이 한국음식이다고 하면 한국음식 아니겠습니까? 그때 저는 한국음식 '그냥 그대로 갖고 와야겠다.'라고 생각했어요. 저는 고향이 광양이에요. 순천 옆에.

Q : 광양 어디세요?
A : 광양 봉강. 제가 거기서 초등학교 4학년 때까지 자랐죠.

Q : 광양 박씨네요?
A : 광양 박씨가 아니라 상주 박씨예요. 광양 박씨는 없고 박씨는 본이 8개 정도 있고. 봉강에는 상주 박씨가 많아요.
Q : 고향에는 언제까지 있었나요?
A : 저는 초등학교 4학년 때까지요. 그 후 부모님과 같이 서울로 이사를 했죠.

Q : 그래도 맛은 광양 맛을 가지고 있나요?
A : 아무래도 어머님 때문에 맛은 전라도 맛을 가지고 있겠죠.

---

15) 맛있다.

음식으로 한류 문화 선도

Q : '비빔' 매장이 6개 있는데, 하루에 몇 사람 정도 오는지요?

A : 요일에 따라 틀리지만 한 매장에 500명 들어오는 데도 있고, 200
명 들어오는 데도 있고. 500명 이상 들어오는 데도 있고요.

Q : 벽에 붙어있는 이런 K-Pop, 소녀시대 포스터로 광고하면 도움이
되는지요?

A : 포스터는 큰 문제가 아니라고 생각해요. 물론 이런 걸 이용해서
장사하는 데도 있긴 있어요.

박양기 사장이 운영하는 식당 비빔 입구

Q : 그렇지만 사장님 비빔식당에 이걸 붙이면 큰 광고 효과가 있겠죠?

A : 없다고 볼 수는 없겠지요.

Q : 앞으로 비빔 매장은 몇 개까지 늘일 생각인지요?

A : 제 생각에는 직영은 20개까지만 하고, 그 다음은 프렌차이즈로 가려고 해요. 검토하고 있습니다.

Q : CK는 지금 그대로 계속 쓰루하시에 있나요?

A : 지금은 괜찮은데 점포가 계속 늘어나다보니까 이전을 해야 된다고 생각합니다. 10점포까지는 커버가 될 거 같은데.

Q : 그럼 언제부터 프렌차이즈를 할 생각인지요?

A : 가능한 빠른 시일 내에 할 생각입니다. 그러나 우리가 왜 프렌차이즈를 빨리 안했느냐 하면, 기존 점포의 인지도를 높여야 해요. 오사카에서는 꽤 인지도가 있는데. 우리 자체가 성공하지 못하면 프렌차이즈는 성공을 못한다. 완전히 성공시키고 나서 하자. 그래서 지금부터라도 한꺼번에는 아니지만 테스트라도 해서, 하려고 하는 사람이 있으면 해보려고 검토를 하고 있어요. 그런 사람이 되려면 서로 알고 이해하는 사람이 되어야 하죠.

Q : 아까 이벤트 사업을 했다고 했는데, 가장 어려웠던 점은 없었는지요?

A : 이벤트를 할 때 제일 어려운 것은 먼저 이벤트 회장에 입점하는 것이죠, 그러므로 입점업체로 선정되는 게 제일 어렵고요. 왜냐하면 인기가 많고 사람이 많이 오는 곳은 경쟁자가 많기 때문에 입점을 따내는 것이 어렵죠.

두 번째는 운영인데, 운영하는 것은 사람이 어렵죠. 나머지야 식품, 주방기기 이런 건 조달하면 되니까. 일을 효율적으로 하려면 사람은 계속 필요할 때와 그렇지 않을 때가 있기 때문에 사람을 조합해서 맞추는 거, 그런 게 어렵지요.

Q : 지난번에 대통령 선거가 있었는데, 하셨는지요?

A : 예. 아마도 대통령 선거는 처음 한 것으로 알고 있습니다.

Q : 소감이 어떠셨어요?

A : 어떻다기보다는 대한민국 국민으로서 선거를 했다는 게 자부심이라 할까 그런 겁니다. 기분이 좋죠. 선거를 하고 나서 일본 신문사에서 전화가 왔어요. 제가 한인회 회장이라고 해서 그랬던 것 같습니다. 왜 투표율이 저조하냐고.

Q : 왜 저조하다고 생각하세요?

A : 우선 관심이 없어요. 뉴커머들은 관심이 많지만. 그러나 올드커머들은 관심이 없는 사람도 많고 여권이 없는 경우도 많아요. 기한이 끝나면 그냥 놔두니까요. 또 등록하러 가야 되고, 투표하러 가야 되고 번거로움이 많았어요. 등록을 해 놓고도 안 가는 사람도 있었어요.

고국 선거에 관심 적어

Q : 혹 가정에서 선거에 대한 얘기가 있었는지요? 서로 뜻이 같았는지요?

A : 각자의 자유의사에 맡겼습니다.

Q : 장시간 고맙습니다. 재일동포의 미래에 대해 한 말씀해주시면 도움이 될까 하는데요?

A : 그런 주제로 한인회 워크숍도 했고, 제일동포의 미래라는 게 어떻게 알겠습니까만, 지금 현 상황으로 봐서는 제일동포를 말하는 건 올드커머 뉴커머를 얘기하는 건데, 올드커머는 2세, 3세, 4세들이 대부분이고 1세들은 거의 돌아가셨어요. 현재는 5~6세까지 이어가고 있는데 많은 분들이 국적 변경을 하죠. 국적 변경을 일본으로 하는 사람도 많아지고 올드커머 수가 줄어든다 걱정들 하죠. 오래전부터 사람들이 와서 갈등도 겪고 차별도 받고 살고 있습니다. 그중 올드커머, 뉴커머를 구분하라고 하면 어디서부터 뉴커머, 올드커머인지 구분해야 하는지 어렵습니다. 대충 봐서 1965년도 한일국교정상화 이후를 뉴커머로 봐야하지 않나하는 사람과 그 외 많은 사람은 88올림픽 이후에 한국에서 여행자유화 되고 유학생이 오고 그때부터를 뉴커머로 봐야 한다 이렇게 구분하기도 합니다, 엄격하게 영주권 가지고 구분하는 사람도 있습니다. 특별영주자냐, 일반영주권자냐를 그렇게 가르는 사람도 있죠.

저도 개인적으로는 88올림픽 이후 여행자유화 되면서부터 그 뒤에 온 사람들을 뉴커머로 봐야 되지 않냐 그렇게 보고 있습니다. 그리고 동포 중에 강제로 끌려온 사람들도 있고 본인들 스스로 온 사람들도 있지만 지금은 점점 일본화가 되어가고 있습니다. 때문에 지금 동포사회가 줄어드는 편입니다. 그렇지만 뉴커머는 계속 늘어나는 상황입니다.

일본의 이민정책이 많이 바뀌었어요. 20몇 년 전만 해도 체류비자 내고 영주권 받고 그런 거 생각 못했어요. 지금은 일본 자체도 노령화 사회, 저출산 사회로 들어서 절대적 인구가 필요하지 않겠습니까? 옛날하고 조건이 많이 틀려졌어요. 지금은 비자 받기가 쉬워졌어요. 뉴커머, 올드커머가 중요한 것이 아니에요. 우리는 같은 동포로서 올드커머 중 많은 사람들이 왜 한국말을 못하는지 이해할 필요성이 있다고 생각해요. 그 시대 한국말을 해봐야 플러스 될게 없었어요. 차별받고 그리고 한국인이라고 내세워 이익 될 게 없었으니까요. 지금은 우리나라가 잘살고 크게 되니까 한국말 쓰고 그러잖아요. 시대가 많이 변했지요. 두 번 다시 모국어를 잊어버리는 그런 시대가 오지 않게 해야 되지 않겠습니까? 언제라고 얘기할 수는 없지만 빠른 시일 내에 민단과 한인회가 하나가 돼야 되겠지요. 그리고 꼭 필요한 것은 우리 후손들에게 민족교육, 확실한 한국어를 가르치는 것을 소홀히 해서는 안 되겠습니다. 그래서 아까 얘기한 게 한국학교를 세우는 것, 그런 걸 얘기한 거네요.

Q : 인터뷰에 감사합니다.
A : 감사합니다.

민단 부인회에 바친 열정

- 이름 : 하귀명
- 구술일자 : 2013년 4월 5일
- 구술장소 : 도쿄 도요코인(東橫イン) 호텔
- 구술시간 : 1시간 30분
- 구술면담자 : 정희선, 김인덕, 동선희
- 촬영 및 녹음 : 성주현

■ 하귀명(河貴明)

1946년 밀양에서 태어나 부산에서 상업고등학교를 졸업한 뒤 직장 생활을 시작했다. 처음부터 사회봉사를 하면서 사는 인생이 꿈이었으 며, 일찍부터 일본 유학에 뜻을 품고 있었다. 7년간의 직장생활을 접고, 유학의 꿈을 살리려고 서울에 와서 패션계 공부를 시작했다. 맞춤집만 있는 우리나라에 틀림없이 기성복시대가 올 것이라는 확신에 1971년 유학을 하여 문화복장학원 복장과를 거쳐 산업기술전공과를 졸업했 다. 한국에서 기성복이 처음 도입될 무렵 기성복분야에서 공정레이아 웃과 상품기획으로 일을 하였으며 결혼 뒤 회사를 그만둔 뒤에는 제주 도에서 살면서 외국어학원에서 나의 전문이 아닌 일본어를 가르치다 가 본격적인 일본어 강사로서의 자격을 갖추기 위해 1983년 다시 연수 겸 도쿄에서 유학을 했다. 두 아이들을 두고, 가정을 두고 유학을 한다는 것이 쉬운 일은 아니지만, 학원에 근무 중 두 아이를 봐주신 할머니 덕 분이었다. 의논한 결과 나의 자질을 살려야한다는 아빠와 할머니의 말 씀에 결정을 하고 일본에 왔다. 가정을 두고 공부한다는 것이 금전관 계상 큰 난관이었다. 있는 돈으로 일본어학교는 겨우 등록금을 치르면 서 졸업이 다가와서 낮에는 아베신따로 고엔가이사무소에서 급사 역할 을 하면서(3개월간) 저녁에는 야끼니꾸에서 아르바이트하면서 졸업을 했다. 졸업을 하고 생각을 하니 한국에 가서 자존심 강한 내가 과연 제 주에서 살 수 있을까 생각하다 88올림픽을 계기로 우리나라 식품 김치 를 알리는 찬스가 바로 이때가 아닌가하고 판단, 일본에 있기로 결정, 아빠를 먼저 들어오게 하여 도쿄일본어 학교에 유학을 시켰다. 둘 다 유학생 비자이므로 정주자 비자를 바꿔야만 하는데, 그때 바로 주식회 사 우리물산이란 회사를 설립(1986년 6월)하여 정주비자로 바꿔 김치 판매업을 시작했다. 그때부터 민단과 재일부인회에 들어가 시부야지 부를 중심으로 부인회 회장, 상공협동조합의 이사로서 지금은 감사역을 담당 활동하고 있다. '바로 이때다'라고 생각하고 도쿄에서 한국의 식문화를 확산시키기 위해 1987년 (주)우리물산, 우리식품 1, 2, 3호점, 야끼니꾸 1, 2호점 등을 경영하고 도쿄 도내(한국식품이동판매차)를 순례하면서 정열적으로 한국식품문화를 보급하고 동 회사 대표취체역 역할을 했다. 그 덕분으로 TV 도쿄, 도구미쯔(德光)의 테레 콜롬버스, TBS TV, 일본 TV의 아드마팅구天國 등등, 잡지 구루매 삐아, 일간 스포츠신문, 아사히신문 등등 많은 기사가 나왔었다. 2012년 3월 말 사업을 모두 정리하고 부인회 도쿄본부 회장 선거에 출마하여 당선되었다.

■ 인터뷰에 관해

하귀명 회장은 1980년대에 도일하여 재일대한부인회의 지도자가 된 흔치 않은 활동가이다. 인터뷰에서는 자신의 삶을 스스로 개척한 분답게 도일 이전까지 한국에서 경험한 일과 도일 이후 삶에 대해 격의 없고 솔직하게 말씀해 주었다. 현재의 민단과 부인회 상황에 관해 들을 수 있었고, 일본에서 30년을 산 '재일'로서 적극적이고 열성적으로 살아가는 모습을 확인할 수 있었다.

■ 구술내용

민단과 부인회동경지방본부 소개

Q : 재일대한민국 부인회 동경지방본부 회장이신데요. 이런 부인회
지방본부가 많이 있습니까?

A : 동경에 중앙본부가 있고 일본전체 47개 현이 있습니다. 그리고 동
경본부는 동경에 있는 23구 전체를 통합하는 곳입니다. 동경에서
일어나는 모든 일은 동경본부에서 관할합니다. 없는 구가 있어 현
재 21지부입니다.

Q : 그러면 21지부에 회원들은 꽤 많지요?

A : 그렇죠, 한 지부에 회원수는 많아요, 그런데 적만 두고 계시는 분
도 계시고 실제 나오지 않는 분이 많아 100명 이상되는 지부가 있
는가하면 몇십 명 안되는 지부도 있습니다. 요즘 고령화이기 때문
에 많이 줄었어요. 옛날에는 일본 전 지역에 약 20만 명이었으니
까요. 지금 제일 문제는 젊은 분들이 없어 걱정이지요. 민단에서
는 1차 슬로건을 차세대 육성에 전력을 쏟고 있습니다. 현재 동포
사회 조직은 연세 많이 드신 분들이 거의 차지하고 있지요. 저도
나이 많아요. 개띠니까 67세가 됐네요…(웃음)
중앙본부에 회장님도 연세가 드신 분이예요, 모두 나이 드신 분이
이렇게 부인회를 이끌고 있지요. 여기서 6·25 전쟁사도 맛보고
여러 가지 경험을 하셨기 때문에 대한민국 애국자는 모두 모여 계
십니다. 그러니까 쉽게 조직을 놓지 못하는 것 같습니다. 선배님
들이 쌓아놓은 기반으로 저희들은 정말 편안한 생활을 하지요. 너
무 감사를 드립니다.
솔직한 얘기로 대한민국에 어떤 일이 터졌다고 하면 제일 먼저 모
여 상의하는 곳이 재일동포 조직인 민단과 재일대한 부인회입니

다. 고령화가 되어 거의 돌아가시고 지
금 현재 회장단에 제가 젊은 축에 들어
갑니다. 여기에서 태어난 재일동포의 1,
2세가 아닌 한국에서 오신 분들은 동경
에서 회장이 되기가 힘들어요. 이번 선거
로서 배 차이로 당선이 되었지만 굉장히
힘들었습니다. 재일동포가 회장이 된다는
게 철칙처럼 되어 있기 때문에, 그렇지만
2010년 이후는 조금씩 바뀌어져 가고 있
지요.

하귀명 회장

그럴만한 이유가 있습니다. 지금 오신 분들은, 민단, 부인회에 대
해 너무 몰라요. 조직에 대한 인식이 되어있지 않습니다. 제가 생
각해도 조직을 모르면 무리입니다.

1971년 일본에 유학하기까지

Q : 일본에 언제 오셨어요?

A : 그러니까, 지금부터 31년 되었네요. 1983년도 인가봅니다.(두 번
째)

와서 2, 3년 만에 제가 민단에 들어갔습니다. 그래서 지금 현재 민
단 생활이 28년입니다. 민단에 들어 온 것을 참 잘했다고 생각합
니다.

바로 한국 사람들도 접할 수 있었고 정보교환을 할 수 있는 곳이
민단이었습니다. 민단이 있었기에 일본 생활이 순조로웠지요…
국민등록도 하고 대한민국의 한 사람으로서 참여한다는 것은 국
경일과 대한민국에 수반되는 모든 일들을 민단을 통해서 했기 때
문에 민단에 들어가지 않으면 안 되었습니다. 영사관에서의 업무

를 민단에서 대신하고 있었기 때문에 민단을 꼭 통하여야만 했으나 지금은 민단을 통하지 않고서도 일을 처리할 수 있으므로 탈퇴를 하는 단원도 생기고 새로 가입하는 단원수도 줄고 있고 젊은이들이 들어올 수 있는 찬스가 없는 것 같아요. 영사관에 직접 가서 일을 다 처리할 수 있으니까, 이런 것을 볼 때 민단에 국민등록만이라도 할 수 있도록 했으면 재일동포의 관리가 될 것 같아요. (예 : 영사관 업무 증빙서류에 국민등록증을 첨부하지 않으면 안 된다는 철칙같은 것.)

재일동포 속에서 살면서 무엇인가 해야겠다는 생각을 처음부터 하고 있었습니다. 제가 1971년도에 일본에 유학을 왔었습니다. 유학을 와서 4년 동안 공부를 마쳤습니다. 그때만 해도 우리나라에 패션계에 기성복이란 게 없을 때였습니다. 모두 맞춤집이었죠. 그래서 나이 25살 때 한창 결혼시기인데 집에서 결혼하라는데… 저는 그냥 그때부터 사회에 이바지해서 뭔가를 하고 싶어서 결혼이라는 두 글자를 머리에 두지 않았을 때였습니다. 기성복패션에 첨단을 걸어야겠다고 결정했을 때였습니다. 사람은 의·식·주가 제일 중요하지요. 그중에서 여성으로서 제일 쉽게 할 수 있는 게 (식)이었습니다. 그 당시만 해도 (식)은 한 랑크 낮게 봤으니까요. (주)는 기본지식이 없었으니 어렵고, (의)가 여성으로 할 수 있는 일이라고 선택을 하였습니다. (의)를 선택하고 유학을 결정한 후 수속을 할려고 하니 하늘에 별 따기지 뭐예요. 저는 그렇게 어렵게 생각지 않았습니다. 그 당시 부산여자 상업고등학교를 졸업하였습니다. 졸업 후 항상 경제면, 부기, 회계면에 신경을 쓰면서 무엇을 할려고 노력하고 있었습니다. 그 당시 대학을 들어갈려고 하니까, 상고를 택한 것이라 갈수가 없었습니다. 부모님께서 그래도 저희들 교육을 위해 밀양에서 부산으로 이사를 오셨는데 하고 생

각을 하니, 야간대학이라도 가야지라고 생각을 했습니다. 그때 야
간부는 동아대학밖에 없었습니다. 그 당시 저는 회사를 다니며 경
리를 보고 있었을 때였기 때문에 합격을 했지만 그만 접고 외국에
꿈을 키우고 있었습니다. 대학은 외국에 가서라고….

7년 다니던 회사를 사직하고 서울에 있는 패션복장 계통에 입학
을 하고, 열심히 공부를 하면서 기성복을 하자면 제일 필요한 것
이 무엇일까? 세밀한 치수? 사람 형에 대한 연구? 외국에서는 모
두 기성복이 발달하였는데, 우리나라는 왜 기성복이 안되고 맞춤
복을 하나? 그 생각을 하면서 그 계통을 제가 처음으로 뛰어봐야
되겠다고 생각을 했어요. 그래서 유학신청 서류준비를 다 하고,
서울 시청을 찾아가 서류 접수를 했어요. 그런데 유학 안된다고
거절을 당했어요. 이유인즉, 대학 졸업장이 없으면 유학은 갈 수

구술을 하는 하귀명 회장

없다라고 했어요. 너무나 서글퍼서 왜? 대학졸업자가 아니면 유학
을 할 수 없는지를 따지면서 좀 큰소리로 떠들었어요. 제가 경상
도 사투리잖아요… 몇 번을 찾아갔어요. 소리를 좀 크게 하니까,
서울 시청 직원이 그랬어요. "아이고 경상도 아가씨가 또 왔네."
(웃음) 아주 귀찮을 정도로 제가 갔어요. 왜 공부를 하려고 하는
데 유학여권을 안내주느냐? 내가 가고 싶은데…제가 그러니까 그
분들이 그랬어요. 아유 경상도 사람 시끄럽네.(웃음) 이런 식으로
말을 했어요. 그래도 저는 절대로 굽히지 않았어요. 또 갔어요. 그
래서 결국은 유학생 여권과 비자가 나왔어요. 꽤 시간 걸렸어요.
그리고 문화 복장 유학을 왔지요. 그때는 문화 복장 학원에 들어
가 기성복 공부하는 게 꿈의 하나였어요. 일본에서도 유명한 학원
이었습니다. 지금은 누구든지 다 들어가지만, 그 당시는 문화 복
장은 아무나 못 들어갔나 봅니다. 와서 보니 그것을 알았어요. 저
는 복이 많은 것 같습니다. 소위 말하자면 운이 좋은, 아님 은총을
많이 받은 사람인 것 같습니다. 제가 생각해도….

일본 유학─문화복장학원

Q : 준비를 많이 하고 굳은 의지로 일본에 유학을 오셨네요.

A : 그 당시 유학생들이 1971년도는 별로 없었습니다. 하늘에 별따기
로 해서 운 좋게 들어온 거죠. 처음 오사까 문화를 거쳐 들어왔습
니다. 들어와서 그때는 일본어 코스라는 게 없었습니다. 바로 반
편성하여 본 과에 들어갔죠. 한국에서 일본에 오기 위해 일어를
배운 것 밖에 없었습니다.

그런데 강의를 들으니까, 모르는 게 너무 많은 거예요. 처음에는
기숙사에 들어갔습니다. 그 당시에는 유학생들은 아르바이트를
못하게 되어 있었어요. 해 봐야 판매점, 학교 안에 판매점이 많이

있었습니다. 그곳에서 시간외로 아르바이트를 조금 한 일이 있습니다. 저는 한국에서 회사를 다녔으니까, 회사 퇴직할 때 받은 퇴직금과 그리고 퇴직할 때 회사에서 공로상을 받았기 때문에 공로패와 금일봉과 등등…. 이곳에서 충분히 살 수 있었습니다. 그때 회사 다닐 때도 제가 공로상도 받고 그랬어요. 열심히 한 것도 있었지만 회사가 국정감사를 받았을 때 제가 영업경리를 보면서 큰 공을 세웠거든요.(웃음) 국정감사에 관해서 자세한 말씀드리기는 어렵구요. 그때 직원들은 알지만(웃음) 그렇게 해서 돈도 저축하고 여기 왔으니까 처음에는 어느 정도 살 수 있는 자신이 있었기 때문에 온 거죠. 그런데 고생 많이 했습니다.

일어가 되지 않아서. 지금은 일본어 학교를 거쳐서 학교를 들어가는데 그때는 일어 코스가 없었어요. 바로 학교에 들어갔습니다. 저는 공부를 해도 잘 따라가지 못해 매일 밤 2시까지 오늘 배운 것을 이해하기 위해 불을 켜놓은 방에서 투쟁을 했습니다. 기숙사에는 한 칸의 방밖에 없었습니다.(9시에 불을 다 끄니까) 한국 음식 잘 못먹고 스트레스가 쌓이고, 그렇게 하다보니 병이 난 거예요. 제가 1971년도에 일본 나라의 돈을 쓰고 수술을 받으면서 용돈까지 받고 일본정부에 신세를 진 건 저밖에 없을 겁니다. 그 당시에는 일본에 유학생들 보험이라는 게 없었습니다. 그런데 제가 학교에 이야기를 해서 구청복지과를 찾아가서 상담을 했습니다. (제가 가진 돈을 사용하려니 너무 아깝고 앞으로 공부를 해야 하는데 생각하니 쓸 수가 없었어요.)

병원에 가니까 결핵성 림파선이라 지금 곧 수술을 않으면 안된다고 했어요. 죽을 수도 있다고 했어요. 그렇게 이야기했더니 처음에는 안된다고 했습니다. 왜 안되느냐 유학생으로서 한국에서 돈도 부쳐와야 하는데 너무 시간이 없다고 했습니다. 이런 식으로

복지과에 억지를 부렸어요. 그러니까 우선 방법을 찾아내더니 지
금 말하자면, 그러니까 한국에서 와서 아무것도 없는 것처럼, 기
숙사 방에 있는 텔레비전이랑 모두 다 치우라 하더라구요. 이런
것 지금 생각해 보면 그게 영세민 복지였어요. 기숙사에 찾아와
조사한 결과 나라에서 지정한 병원에 입원을 했었어요. 제가 영세
특혜를 받은 후부터 유학생 보험이 나왔습니다.

아 이런 것도 유학생에게도 적용이 되는구나라고 했습니다. 이걸
몰랐다고 하더라고요, 나 때문에 알았다면서 덕분에 감사하다라
는 말을 하였습니다. 그래서 제가 6개월간 입원을 하면서 임파선
이기 때문에 수술을 하여 실로 깁는 게 아니고 균을 빼내어야만
된다면서 매일 가제를 상처에 넣어서 균을 빼내면서 자연적으로
아 물도록 해야만 된다면서, 뭐 옛날에는 그랬나 봐요. 지금은 모
르겠지만. 그때는 그랬어요. 흉터가 목 앞, 뒷부분으로 굉장하였
습니다. 한국 나오자마자 성형수술을 한 것입니다. 그래도 지금
많이 남아있지요.

Q : 그런데 문화복장학원이 어디에 있지요?

A : 신주쿠. 분카(文化)여자대학, 분카복장학원, 분카출판사. 유명합니
다. 지금은 분카일본어전문학교도 있습니다.

Q : 들어본 것 같아요. 옛날에도 유명했지요?

A : 옛날에는 문화가 제일 유명했고 거기 들어가려면 하늘에 별 따기
였습니다. 아무나 안 넣어줬습니다 그 당시에 제가 있을 때도 세
계적으로 유명한 디자이너 피에르 가르댕이 고문으로 있을 때에
요. 그래서 이 학원에 유학하고 싶어서, 의상과 나온 사람들이 거
의 다 이리로 왔어요. 의상과 출신이 아니면 오지도 못했어요, 그
때는. 의상과를 졸업해서 그 학원에 오는 것이 꿈이었었나 봐요.

프랑스가 첫째이고 그 다음이 문화였었던 것 같았어요. 그래서 유명했다구요. 그 당시 거의 다 보면 우리 주위에는 이대 출신 의상과 졸업한 사람들이 이곳 학원에 왔었어요. 그때 저야 뭐 아무것도 아니죠. 거기에 대하면. 운 좋고 노력의 대가죠?

한국의 패션회사 근무

Q : 그렇게 공부를 하시고 한국에 오셨나요?

A : 문화복장학원에서 열심히 공부를 끝내고 졸업하고 출국하여 한국에서 당시에만 해도 삼성물산에서 계셨던 분이 퇴직하고 나와 패션회사를 차렸어요. 지금은 회사가 없어졌더라고요. 그때 그 회사에 친구의 소개로 기획실에 들어갔습니다. 그래서 제가 그 회사에서 기획실장으로 근무했거든요. 그때 회사에서 차가 나와 저를 출퇴근 시켜주셨어요. 이대 앞에서 하숙을 했어요, 집이 부산이니까. 꼭 회사차로 출퇴근하면서 그 당시에 월급이 굉장히 많았어요. 그길로 그대로 계속 올라갔으면 결혼 안 했을 겁니다.(웃음) 안 했을 건데 그 회사에 있을 때, 제가 그때 기획실장하면서 봉제공장에서 공장장까지 했었어요. 왜냐면 공정 레이아웃을 해서 어떤 식으로 하면 제품이 빨리 생산되며 생산된 제품이 상품 품평회를 통해 선정된 상품을 기획하고 하는 이런 걸 제가 전담했기 때문에, 상품 기획실장도 하면서 봉제 공장장까지 두 개를 겸했는데, 그렇게 하면서 그때 저 그 회사가 기성복으로서는 처음으로 시작한 것 같아요. 그 뒤에 코오롱, 반도패션, 톰보이 등등 여러 유명한 기성복회사가 나왔습니다. 그래서 우리 그때 같이 공부해서 나온 분들이 한국에 가면 거의 다 자리 차지했습니다. 한자리씩 다 차지하고 있었어요. 유명한 디자이너로도 수영선수로서 유명해서 돌아가신 분, 부인도 여기 출신입니다. 디자이너를 했지요.

의상과를 나와서 문화복장학원 다닌 사람도 많지만, 여러 가지 생
각할 때는 제가 남한테 지지 않는 성격이기 때문에, 이런 걸 제가
주로 하였는지도 모릅니다. 저는 기획 쪽이고 봉제 계통은 저는
좀 덜했지만, 디자인하는 것도 그냥 하는 것보다도 입체적으로 해
가지고 마네킹을 세워놓고 책을 보고 그대로 디자인합니다. 여기
다 선을 넣고 이것을 몇 센치 키워야 하고 몇 센치 줄여야 하고
해서 그게 원본이 되는 거예요. 그림 그려서 몇 센치 빼고 그것도
물론 들어가긴 하는데 원래 디자인은 입체재단, 책을 보고 바로
하는 디자인 있잖아요. 그걸 저는 했거든요. 그래서 저는 그것을
하면서 기획을 전공을 했어요. 그렇기 때문에 거기도 기획으로 들
어갔죠.

Q : 지금은 그 회사가 없어졌어요?

A : 그런데 회사가 왜 안 되었는지 나중에 보니까 없어졌더라고요. 우
리나라에 제일 먼저 시작하며는 먼저 가더라고요.(웃음) 나중에는
기성복 붐이 일어났었는데 처음에 시작한 곳은 없어졌더라고요.
그래서 그때만 해도 신세계, 반도, 한강 그다음에 전 숍(shop)이
있었어요. 제가 다니면서 전부 다 체크하고 해서 아는데. 그러고
는 나중에 제가 결혼하고 몇 년 뒤에 가 보니까 없어졌더라고요.

결혼과 제주도 생활

Q : 회사에 다니면서 결혼하셨어요?

A : 제가 결혼한 동기도, 안 할려고 했었는데 그 사무실에서 제가 기
획실장으로서 실장자리도 있고 비서도 있고 했기 때문에, 전화 받
는데 옆에서 소리가, 여자가 똑똑하면 뭐해 결혼도 하나 못하면
서, 이런 식으로 이야기를 제가 들었을 때 머리에 (피)가 끓는 것

같았어요. 그래서 결혼을 한 겁니다.(웃음)

그래서 저를 매일 좋다고 따라다니던 사람이 있었어요. 제가 아침에 회사 들어가면 밤에 오니까. 데이트를 하고 이런 게 아니고 하숙을 하고 아침에 출근할 때와 저녁에 퇴근할 때에 차에서 내리면 나와서 기다렸던 분이 있었어요. 그분이 제주도 분이었어요. 그때 우리 제주도 분들은 사실상 인정하지 않았습니다. 남자들은.. 부모들도 반대했어요. 저는 반대하는 제주도 남자하고 결혼했다니까요. 나 아니면 죽겠다는데 결혼해서 못 먹여 살리면 내가 먹여 살리지 뭐라고 생각하고 있었어요.(웃음)

그래서 결혼했는데 그분도 ROTC 장교 출신에, 최고 학벌을 나왔지만 제주도 하니까 아무도 우리 집에서는 안 믿어 줬었어요. 그래서 우리 집에 와서 결혼시켜 주십시요라고 하는 데도 아버지가 노 했지만 엄마가 오케이해서 결혼했어요. 엄마께 내 아니면 못살겠다는데, 뭐 최고학벌 나왔겠다 못 먹고 살겠어. 내 하나 못먹여 살릴 사람 아니니까 그냥 나이가 31에 결혼하면 노처녀였어요. 올드미스였지요. 그 당시에는. 그러니까 여자가 결혼하나 못하면 이것도 흠인데 죽자 살자 따라다니는 사람 있을 때 그냥 해야지 이 생각을 해가지고 결혼을 한 거예요. 하다보니까 여태까지 온 거지 뭐예요...(웃음) 그런데 복이 많은 분이라 빨리 돌아가시더라고요. 지금 돌아가신지 13년 되었어요. 여기서 돌아가셨어요. 우리는 식구가 다 여기 있으니까 아이들 다 조그만 했을 때 같이 왔으니까. 결혼해서도 회사일을 다녔는데 우리 부모들이 항상 그랬거든요. 여자는 아무리 잘나도 남편이 벌어주면 먹고 살고, 안 벌어주거든 앉아서라도 굶어서라도 남편 위에는 서지 말라고 그랬어요. 그런데 아침에 자고 일어나면 나는 출근차가 와서 타고 가는데 남자는 출근시간 안됐으니까 자고 있잖아요. 아 이게 바로 남자를 기죽이는 일이구나 그때 그렇게 생각을 했습니다. 아이고 우리 아버지, 어머니 교훈이 그렇더라, 남자가 잘되야 애들도 잘되고, 여자가 아무리 똑똑해도 여자는 여자다 이런 생각을 했어요. 그래서 제가 남자 출세시켜야지 여자가 똑똑해서는 집안이 안 된다. 그래서 저는 사표를 그냥 내버렸거든요.(웃음) 그게 이제 고생길에 들어선 거예요. 그때나 지금이나 고생이라고 생각한 일은 없었죠.

우리 아빠도 수의과 계통의 공부를 했으니까, 농장 하면서 일생을 사는 것이 꿈이라고 하니까. 그러면 제주도를 가자. 아빠의 출신이 제주도니까 제주도에 가서 농장도 하며 아빠 위주의 생활을 하자, 이러든 찰나에 마침 시어머님께서 병이 나서 암이라는 판단이 나왔어요. 그래서 3개월밖에 살지 못한다는 겁니다. 그래서 제주도는 가보지도 못했을 뿐 아니라 처녀 때는 신혼여행으로 갈 곳으로 남겨 논 곳인데, 시집을 왔으니 집안 조사도 하지 않고 결혼했는데, 그런데 제주도 가서 보니까 고씨(高氏)라. 제주도에서는 일류집의 아들이었어요. 제가 제주도에 들어간 이유는 형님네들이 다 서울에 살고 부산에 살고 다 육지에 살다보니까, 애들 아빠가 막내다보니 저희들도 서울 서대문구에서 계속 살았어요. 시어머니가 한 분 계시는데 암에 걸려서 3개월밖에 못 사신다고 그래요. 서울에서 가족회의가 벌어졌는데 갈 사람이 아무도 없는 거예요. 왜냐하면 다 가정을 갖고 사니까. 저는 결혼한 지 얼마 안 됐으니까 애기도 없고 제가 가겠다고, 손을 들은 거예요. 그래서 뭐 시어머니 3개월밖에 못 사시는데 자식으로서 3개월 딱 붙어서 병간호 못하겠냐, 그러니까 내가 가겠다. 그리고 제주도에 한 번도 가보지도 않았으니까, 제주도에 가서 우리 집이 제일 종가 집이래요. 그러니까 앉아있으면 시어머님 뵈러 모두 인사 올 것이니까 앉아서 인사 받고 다 알아야겠다라는 저의 속셈에 제가 손을 든 거예요.

구술하는 장면

그래서 제주도를 갔죠. 갔더니 아닌 게 아니라 제주도 가서 제가 기절을 할 뻔했어요. 제가 우리 집에 살 때는 도우미도 데리고 살 았잖아요, 옛날에는. 식모도 있었고 우리 진짜 팬티 하나도 안 빨 고 컸거든요. 부자라서가 아니고 제가 회사에 근무하고 어머니께 서 자동차사업을 하셨으니까, 항상 누군가가 있었어요. 제주도에 가서 너무나 놀랐어요. 화장실에 가니까 돼지가 나오는 거예요. 그때는 재래식이기 때문에 돼지가 밑에서 있었어요. 그걸 보고 제 가 기절할 뻔한 거예요, 너무나 놀래가지고. 그때부터 제가 1년 동안을 요강을 몰래 사용하면서 저 혼자만 뒤에서 쓰고 버리고 화 상실을 못 갔어요. 그런데는 왜 그리 약했었는지… 그렇게 해서 살았는데 딱 3개월 사신다는 게 11개월 사셨어요. 11개월 살면서 저희들이 어머님 곁에서 붙어 있었으니까. 왜냐하면 시어머님 혼자 그 시어머님도 제주도에서 장한어머니상을 받고 그 8남매를 키운 거예요. 아버님이 우리 아빠 꼭 태어나시는 날 돌아가셨대요. 그러니까 아빠 얼굴도 모르고 우리 아빠는 자랐다네요. 그래서 시아버님 제삿날과 애들 아빠 탄생일이 같은 날이예요. 같이 사셨으니 더 잘 해드리고 싶은 생각에, 그리고 시어머님께서 내가 죽으면 제주도에서 3년상은 안해도 좋으니 1년상은 제주도에서 해달라는 말씀이 계셨습니다.

1년 동안 초하루, 보름을 하다보니 6년을 제주도에 살게 되었습니다. 살다보니 우리 시집에는 제주도 도의원도 계시고, 병원 원장님도 계시고, 시삼촌들이 다 어마어마한 집안이라. 제주도에서 누구누구집 하니까 모르는 집이 없고 그러니까 우리 집 아빠는 어디누구 자식이라 하니까 공짜로 술도 주고 밥도 주고 하더라고요. 아 이런 집의 자식이구나. 그때 제주도 가서 처음으로 안 거예요. 아 그랬구나. 제주도에도 참 이런 게 있구나. 인제 우리 시어머니가 11개월 사시다가 돌아가시고 나서 금방 서울로 못 돌아오잖아요. 우리 아빠가 제주도에서 목장을 하고 싶다고 하니까. 그러면 땅도 사고 자기 땅이 있는 것에다 붙여서 농장 하라고, 제가 힘껏 밀어가지고 했습니다. 그리고는 저는 낮에는 시삼촌이 하시는 병원에 가서, 그 병원도 유명했습니다. 뒤에서 약 짓는데 좀 도와주고 거기서 아르바이트였어요. 약 짓는데 좀 도와주면서 그때가 우리나라 처음으로 의료보험이 시작될 때였어요. 저보고 병원에서 살림을 맡아 달라고 그랬어요. 의료보험을 내가 책임을 지고, 그래서 의료보험 담당을 하면서 처음으로 살림을 살라는 우리 시삼촌의 명령이었어요.

그래서 병원에서 계속 하다보니까 시골이잖아요. 이제 우리 딸이 그때 막 태어났으니까, 애들 공부도 시켜야 되고 제가 제주도에서 계속 있어야 되나 막막한 거예요. 우리 아빠 그때 축산해서 농장 하고 계시지만 아! 이거 아닌데 뭔가 제주도에서 마을운동이라도 일으켜볼까, 뭔가 이런 생각 저런 생각 그때부터 막 들기 시작했어요. 그런데 사실은 그곳에 젊은 어머니들이 너무 불쌍한 거예요. 그분들은 아무렇지도 않게 행복하게 살고 있겠지만 제가 볼 때 미깡밭에 갔다오면 그 늦은 시간 껌껌한 곳에서 불 지펴 밥 해서 애들 밥 먹이고 빨래하고. 아 이거 생활개선을 시켜야겠다. 그 생각을 했어요. 저는 그때부터 벌써 서울에 살던 짐을 몽땅 부쳐 왔으니까. 칼라텔레비전부터, 세탁기부터 전부 다 있으니까. 다들 오면 눈이 둥그레져 가지고 쳐다보잖아요. 제가 너무 미안해요. 그 앞에서 빨래도 손으로 안하고 세탁기 돌리는 게. 아 이것을 내가 이분들을 인식시키려면 어떻게 하면 될까 생각하다가, 저에 대한 하나의 변명이기도 하지요. 전기제품계를 시작합시다 이랬어요. 젊은 사람들을 데리고 이 계를 몇 개월 모아서 세탁기계를 합시다. 그 다음에는 밥솥계를 합시다 이런 계를 해서 하나씩 개선을 했어요. 그랬더니 밥도 갖다 와서 타임만 맞춰놓으면 전기밥솥으로 해서 바로 밥 먹도록 밥을 앉혀놓고 가라.

이런 식으로 해가지고 거기 5~6명을 모아서 세탁기계, 냉장고계, 밥솥계를 했어요. 그런 식으로 해가지고 계를 해서 생활개선을 조금씩 바꿨어요. 그랬더니 부모들이 처음에 한집에 계를 해서 그걸 몽땅 들이니까 그곳 어른들이 그랬어요. 와 젊은 사람들이 게으르게 일을 안 하고. 그렇게 생각한다면서 처음에는 거절했었어요. 그러나 계핑계로 해가지고 안 받으면 안 되게끔 되어 있어서 들려놓았습니다. 이런 식으로 해서 어른들을 이해시켰어요. 하니까 자연적으로 돌아가더라구요. 그것을 대여섯 집 그렇게 하고 나니까 이게 막 붐이 일어난 거예요. 그때부터 그 안에서는 신세대적인 전기제품 사용하는 게 붐이 났어요. 그래서 제가 아 여기도 좋은 일을 하나 했구나, 그리 생각하면서 그것을 한번 바꿔보고, 아 이런 촌에서 살아서는 안 되겠다 하고는 제주시로 옮겨온 거예요. 제주시로 옮겨오니까, 제가 할 일이 없잖아요. 그래서 할 수 없어서 찾아간 곳이 제주외국어학원. 거기 가니까 일본어학원이 있더라고요. 거기에 제가 이력서를 냈어요. 그리고 저의 사실은 이리이리한데 높은 과는 내 전문이 아니니까 못 한다, 그러니까 제일 기초반을 저를 좀 줄 수 없겠냐. 들어가서 그 이야기를 하니까 이력서를 보고 하더니 저에게 기초반 주셨어요. 그래서 거기서 제가 인기가 좋았어요. 그 기초반은 쉽잖아요. 집에서 열심히 공부해서 가면 강의만 하면 되니까. 하다가 보니까 사람 수, 머리수가 늘고, 또 늘고 하니까 저보고 상급반을 맡아달라는 거예요. 그런데 제가 정식으로 배운 게 아니니까, 그래도 못한다는 소리는 못하고 여름방학 동안 맡았어요. 받고 열심히 해서 가는데, 가르치다가 제가 아 이거는 아니다, 스스로 제가 느낀 거예요. 왜냐면 모르는 사람들은 막 가르치면 그렇다고 생각하는데 아는 사람들은 질문이 막 들어오잖아요. 질문에 대답을 못하는 거예요. 아 이거는 아니다 내가 선생 하는 것은 좋아했거든요. 그래서 거기를 택해서 갔지만, 아 아니다 다시 일본어 공부를, 선생 자격을 따서 공부를 다시 해야 되겠다고 생각하고 제가 12년 만에 일본어 강사 하다가 막혀서 다시 들어온 겁니다. 들어와서 졸업은 하였으나 돌아가지 않고 지금까지 거주하고 있습니다. 그때가 저 36살에 들어왔나 봅니다.

일본 재유학

Q : 1983년이죠?

A : 그러니까 예. 그때 들어와서 제가 학교 때 사진, 이방자(李方子)[1]

여사가 오셔서 궁전패션을 전시할 때 사진. 이방자 여사와 함께 찍고 우리 학교 이사장도 같이 찍고 한 사진들이 다 있었어요. 그 사진을 따로 챙겨서 왔어요. 와서 학교를 찾아갔죠. 제가 이사장을 좀 방문하겠다, 12년 만에 졸업생인데 인사하러 왔다고 말씀을 드리고 이사장을 만나 뵙고 실제로 일본어 강사로 있으니까 명함을 제시하고, 사진을 보이고 사실대로 말씀을 드렸죠. 일본어를 정식으로 공부를 안했기 때문에 자신이 없다. 그러니까 이 학교에 그때는 일본어 학교가 없었어요, 지금은 일본어전문학교가 생겼어요. 이름은 문화일본어전문학교라는 명칭이었어요. 일본어전문학교는 워낙 외국인이 많으니까 학교까지 차렸더라고요. 그때 그래서 제가 선생코-스과에 좀 넣어달라고 얘기를…

그러니까 이사장도 보니까 자기도 사진 있고 이방자 여사 유명한 사람도 찍혔고 그 당시 졸업생이니까 인정을 해줬어요. 그래서 이사장님이 저를 데리고 사무실에 와서 총무부장을 찾았어요. 총무부장, 이번에 이래이래 12년 만에 여기 졸업생인데 날 찾아왔다. 그러니까 이분이 말하는 대로 학교에 다시 들어가고 싶다고 하니까 잘 뒤를 돌봐주시오. 명령하고 인계하시고 가버렸어요. 그런데 이분은 이사장의 명령이니까 해야 되잖아요. 아 이제는 되었구나 이 생각을 한 거예요.

그래서 이제 명함도 주고. 사실대로 이야기를 다 하니까 선생코-스과에 저를 넣어주면서 갔어요. 그때는 유학생도 아닌 3개월 연수비자 여권을 가지고 왔어요. 실태 파악차, 이사님 덕분으로 일본학교에서 비자신청을 먼저 했어요. 저는 그것을 바라고 왔으니까, 비자신청을 나오도록 먼저 해놓고 한국으로 돌아갔어요. 돌아

---

1) 1901~1989. 영왕(英王) 이은(李垠)의 비. 일본 왕족 나시모토미야(梨本宮)의 장녀로 1920년 4월 일본 왕의 명령으로 이은과 결혼했다.

가서 여권신청을 했습니다. 그때는 제주도에 있을 때죠. 제주도에서 여권신청 그때 삼십여섯 살 때구나. 여권을 유학생여권으로 신청을 하니까 거기도 제가 조금 부딪혔습니다. 제주시청에 가니까 아줌마, 아줌마 나이가 몇 살인데 유학이요 유학.(웃음) 그렇게 하대요. 그래서 제가 사람은 죽을 때까지 공부다, 공분데 무슨 공부하는데 나이가 필요 하느냐, 내가 여권 내려왔으면 유학으로 줘야지 뭘 그렇게 따지느냐, 그러니까 안 된대요. 그래서 한 번 퇴짜를 먹었습니다. 그 다음에 또 찾아갔어요. 그때는 일본에서 비자가 나왔다는 알림의 봉투를 부쳐왔습니다. 그래서 그걸 들고 간 거예요. 통하지 않으니까. 들고 가서 일본 정부에서 내가 필요하다고 유학 자격으로 해서 2년짜리 유학 비자가 나왔는데, 한국에서 안 된다는 이유가 뭐가 있느냐, 빨리 유학생여권으로 발급받아 그래서 간 거예요. 처음에는 반대하다가 일본 정부의 비자를 보고 저도 강하게 나오니까 유학생여권을 만들어서 줬어요. 하, 참내 36살에 유학을 간다니 어쩌고저쩌고… 사람은 90살까지 죽을 때까지 공부하는데 나는 공부를 좋아하니까 죽을 때까지 공부할 거니까라고.

그렇게 비자가 나와서 유학 온 게 1983년도인가. 와서 다시 선생 코스과를 들어갔습니다. 그 과에는 대한민국 국비장학생들이 3명이 있었어요. 그 선생과에 제가 수업에 들어간 거죠. 들어가서 공부를 하는데 정식으로 안 배운 공부이기 때문에 기초부터 시작해서 공부를 하는데 잘 안 되더라고요. 그런데 저 나름대로 열심히 했어요. 돈도 엄청 들잖아요. 그때는 결혼해서 우리 아빠가 농장을 하고 있지만 뭔가가 잘 안 되니까. 그때만 해도 우리 아빠가 운이 없는 사람인가 봐요. 그 이시돌 목장에 돼지가 완전히 병으로 쓰러지고 죽을 때 있었어요. 그때 신문도 나고 대단했습니다.

그때 완전히 실패한 거예요. 공부하다 보니까 제가 돈을 많이 썼
잖아요.

그래서 낮에는 학교 가야 하고 저녁에는 아르바이트 해야 되고.
그 아르바이트 하는 데가 야키니쿠(焼き肉)[2]점이었습니다.

아르바이트와 김치판매사업

Q : 일본에서 야키니쿠 아르바이트를 시작하셨군요.

A : 제가 그래서 새벽 4시까지 일본에서 새벽 4시까지 아르바이트 하
는 사람들이 없었기 때문에 저는 살았죠. 4시까지. 나만 열심히 하
면 되니까. 나이 많다고 안 써 준다는 것을 억지로 부탁해서 새벽
4시까지 홀 서빙도 하고 레지도 보고 정신 차려 했어요. 그러니까
그 집 딸하고 나하고 둘, 주방에는 딸의 어머니 그 야키니쿠를 다
맡아서 하는데 주방 안에 사람들은 따로 있고, 홀만 하는데 4시까
지 하고 거기 방이 있으니까, 방에 앉아서 어머니하고 같이 조금
자다가 어머니는 시이레(仕入), 저는 학교에, 이 생활을 계속 했습
니다. 아르바이트비를 받으면 일부는 제일 먼저 한국에 보내줘요.
왜 실패하고 없으니까 먹어야 하니까. 부쳐 놓고 그 다음에 일부
는 떼서 학교에 내고 이런 식으로 야키니쿠를 3년. 그런 것들을
다 거쳐서 제가 일본에 살아야 되겠다는 걸… 왜 한국에 가면 체
면 봐야지, 그리고 얼굴 봐야지 그리고 자기 프라이드가 있으니
까, 자존심에 앞치마 걸치고 일 못할 것 같고 안 되겠다. 일본에서
제가 자리 잡아야 되겠다는 마음을 먹었기 때문에, 제가 야키니쿠
에서 3년 동안을 서빙을 했어요. 서빙을 한 곳은 아카사카(赤坂)
에서 했어요. 3년 동안 야키니쿠를 서빙했는데도 그 주변에 술집

---

[2] 불고기.

이 많다는 것도 몰랐어요. 그 주위를 가보지를 않아서. 야키니쿠에서 학교, 학교에서 야키니쿠, 일주일에 한번씩 집에 가고 요것밖에 몰랐습니다. 술집이 많다는 것을 나중에 안 사실이지만.

그런데 식사하러 저녁에 오면 아가씨들이 꼭 언니 언니, 내가 나이가 들다보니까 언니라고 불렀어요. 갈 때 김치를 2인분 오미야게로 싸서 주세요. 이렇게 하면 2인분 사주는가보다 하며 싸서 준비해 놓으면 들고 가고, 계산은 그 속에도 올라가니까. 아 나중에 보니까, 손님이 돈을 내고 물건은 아가씨들이 가져가고 그렇구나. 그래서 술집이 여기 많다는 것을 3년이 다 되었을 때야 안 거예요. 그래서 술집이 많으면 장사가 되겠구나. 그것부터 또 생각을 하기 시작한 거예요.

그러니까 술집에 있는 여자들이 오면 오미야게(お土産, 선물)를 사가지고 가니까, 김치장사를 해서 팔면 김치를 사가겠구나. 그런 일을 하는 사람들은 일하기를 싫어하고, 뭐든지 사가지고 가져가니까요. 먹도록만 해오면 장사가 되겠구나, 저는 그것을 생각을 했어요. 그래서 제가 그 근처에서 장사를 하려니까 누가 돈 대줄 사람도 없을 뿐 아니라 그 장사할 사람도 없었어요. 저를 보고 동업할 사람은 물론 없잖아요.

그러니까 제가 생각하다가 차를 생각했어요. 그래서 이동판매차를 제가 처음으로 시작했는데 아카사카에서 제가 길바닥에서 9년을 장사를 했습니다. 차로 장사하면서, 김치, 그리고 아가씨들이 좋아하는 음식은 다 만들어 나와서 그날 저녁에 나오면 그것을 다 팔고 가요. 김치도 각 종류별로 50개씩, 그때는 김치도 귀할 때이기 때문에 지금은 그렇지 않지만, 88올림픽 직전이기 때문에 김치 선전이 계속 나올 때입니다. 그래서 TV에서도 저를 취재해 가기도 하고 텔레비전에도 나왔지만 그곳에서 저녁에 나와서 파는 것

은 저밖에 없었습니다. 그러니까 더 신기한 것이지요. 왜냐하면
사실 식품을 파는 것은 없었거든요. 밤에 제가 길에서 장사해서
성공한 사람이에요. 9년 동안 그 자리에서 장사하면서 김치 팔았
습니다.(그 당시 3점포가 불어났어요.)

Q : 김치를 어디에서 만들었어요?
A : 남의 집에 근무하면서 아이들을 데리고 온다는 게 안될 것 같아서
먼저 가게를 내려고 마음을 먹고 아이들을 제일 먼저 데리고 왔습
니다. 항상 아이들은 여권과 비자를 준비한 상태로 기다리게 했습
니다. 그래서 4조(疊)3) 반짜리 식품가게를 하나 계약을 해놓고 의
논한 결과, 가게를 오픈할 때는 우선 식구가 다 일본에 와서 제가
근무하는 야키니쿠 어머니께 식구 전체의 패스포트를 맡기고 저
녁에 제가 근무하는 조건으로 돈을 빌려 오픈을 하였습니다. 그
돈도 모자라서 세부 신용금고에 가서 사실대로 이야기하고 아빠
와 저의 이력서를 제출하고 융자를 받았습니다. 그 이야기를 주위
의 동포께 이야기하니까 너무나 놀래더라고요. 우리는 50년을 살
아도 융자 하나 못 받는데 기술도 좋다면서… 그래서 그 가게를
시작하면서 낮에는 가게에서 팔고 저녁에 팔 것을 하루 종일 만들
어요.(낮 담당은 아빠가) (우리 가게가 바쁘다보니 야키니쿠 서빙
은 어머니께 사정을 말씀드리고 그만두었습니다. 그 뒤에도 이자
와 원금을 반환하면서 다 갚고 난 뒤에 가족 패스포트를 받았습니
다. 그 집안과 인과관계가 계속 이어갔습니다만 오끼나와에 이사
를 한 후 못 만나 뵙습니다. 너무 감사한 분들입니다) 하루 종일
만들어서 저녁에 싣고 나갑니다. 그 가게 문을 닫고 다 싣고 나오

---

3) 일본에서 다다미(疊) 개수로 면적을 나타내는 단위.

고, 아침에 오픈해서 거기서 다 팔지요.(가게는 아침 9~저녁 9시
까지 2년 동안 365일 쉬는 날 없었음)

Q : 직원은 몇 명이나 되었습니까?

A : 그때는 3명이었지요. 정식 직원만 3명이고, 그것도 제가 야키니쿠
서빙을 한 덕분에 오픈을 할 수 있었어요. 점포를 경영할 때는 애
들 아빠도 와계셨고, 아이들도 와있었을 때이니까요.

Q : 그럼 주무시는 시간이 굉장히 없었겠네요? 김치 만드시려면 새벽
에 일찍부터 일을 해야 하는데, 야키니쿠가 늦게 끝나니까요.(야
키니쿠는 오후 5시~아침 5시까지)

A : 없었죠. 저 하루에 2시간씩 자고 몇십 년을 살았어요. 여태까지도
그랬어요. 부인회 회장하기 전까지 하루에 2~3시간 이상 잔 일이
없습니다.

그러니까 제가 부인회 회장 하려고 모든 것을 다 정리를 했습니
다. 지금은 하나도 하지 않고 있습니다. 제가 왜냐면 애들 시집 장
가 다 보내고, 애들 둘 다 유학 보내서 공부시키고 다 일류로 해서
결혼 다 시켰고, 그 다음엔 제가 할 일만 남았으니까 저는 이 일을
해야 되겠다. 그동안에 27년 동안 민단에 소속, 부인회 소속, 상공
조합 소속, 육영회 소속이 되어 이사 겸 감사도 하고, 지부 회장도
6년 계속 일을 했고, 동경부인회에서도 부회장 겸 총무부장, 선전
부장까지 그렇게 했으니까 이제 동경본부 회장직만 남았잖아요.
본부 회장을 제대로 하자면 다른 일은 하면서 못하니까요. 아 나
는 회장을 나가기 위해서는 다 정리를 해야 되겠다. 그래서 다 정
리하면서 부인회 회장으로 나온 거예요.

또 선거가 있어서 그래서 나왔습니다. 그러면서 부인회가 좀 더

젊은 세대로 바뀔 수 있도록 뭔가를 해야 되겠다라는 저의 사명감 같은 것을 느꼈기 때문에 모든 것을 정리하고 뛰어 들었습니다. 지금도 계속 그 생각을 하고 있죠.

부인회 동경본부 회장으로 당선되다

Q : 작년에 회장이 되셨지요?

A : 작년에 제가 맡아서 이번 4월 27일이 이제 1년이 됩니다. 1년 위원회를 하면서 요번에 23일이 위원회입니다만. 21지부, (동경에) 23구가 있지만 지부는 21지부가 있습니다. 그래서 젊은 세대를 끌어들이기 위해서는 뭘 어떻게 하면 될까? 지금 계속 구상하면서 1년 계획을 짜놓고 있는데. 이제 재일동포끼리의 결혼이라는 것이 정말 어렵습니다. 그래서 금년 2월에 커플링 파티를 한 번 했고요.

Q : 몇 명이나 왔지요?

A : 그때는 15구미(組).⁴⁾ 그러니까 30명. 여자 15명, 남자 15명, 15쌍에서 거기서 여섯 쌍이 태어나서, 그런데 지금 진행하고 있는 분들도 있는가 하면, 거기서 헤어진 사람도 있고, 그 당시에 여섯 쌍이나 탄생을 했어요. 왜냐면 갑자기 하니까 여유로운 시간을 주고 한 게 아니기 때문에 청년회하고 같이 공동으로 했습니다. 도부(東武)호텔에서 했지요.

도부호텔은 시부야민단에 제가 있었기 때문에, 항상 그 호텔을 이용하기 때문에 지금도 도부에 가면 저는 주차하는 것도 그냥해요. 저는 시부야상공회에 지금은 감사로 있지만 전에는 이사로 계속 있었고, 지금도 시부야부인회 상임고문이고, 육영회라는 게 있어

---

⁴⁾ 여기서는 한 쌍이라는 뜻.

요. 육영회 육자는 기를 육자에 영은 꽃부리영자의 회라는 게 있습니다. 시부야지부에서는 장학금을 지급하고 있습니다. 거기도 제가 위원으로 들어 있고, 상공조합에서도 현재감사로 소속되어있습니다. 어떤 식으로 하면 젊은 분들이 들어오고 싶어 할까? 1년 계획 중에서 지금 9월에 커플링 파티 계획을 우리 동경본부의 주최로 계획하고 있습니다. 이번에는 대대적으로 할려고 계획을 세우고 있습니다.

그래서 젊은 세대가 모일 수 있는 것을 계속 해야 되는데 참 어려운 거예요. 그리고 동포들끼리 결혼할 수 있는 찬스가, 그런 장소를 만들어줘야 하는 거예요. 그런 장소를 제공해주고 뭘 만들어주는 게 우리 일인 것 같고 그래서 지금 그런 것에 신경을 쓰고 있어요.

그 다음에 우리 중앙 본부에서 1년에 한 번씩 전국 연수회를 합니다. 동경에서는 제가 7월에 연수를 한번 할까 계획을 하고 있죠. 왜냐면 나이 드신 분들이 한국에 재산이 있는 분들도 계시고, 일본에도 재산이 있고 나이가 드시면서 빨리 그런 것을 정리를 하고 명의를 바꾸고 하는 일들을 반드시 해야 하는데 안 하고 계시는 분들이 많아요. 그러니까 이런 연수를 많이 해서 빨리 정리가 될 수 있도록 교육 시켜야 되겠다고 제가 느꼈기 때문에 그런 방면의 연수를 7월에 먼저 할 것입니다. 여러 가지 연수를 생각 중에 있는데 굉장히 어려운 것 같아요. 어렵지만 그런 일을 우리 동경에서 하는 게 우리 부인회 역할인 것 같습니다.

이제 우리 조국에서 어떤 일이 일어나든 어머니의 힘으로 전진해나갈 것입니다. 이번에 박근혜 대통령이 되셨을 때도 저는 아무것도 못하는 사람이지만 동경지역 새누리당 자문위원이라는 명을 받았습니다. 아마 부인회 회장이라는 직책 때문에 그런 명을 받았겠죠. 열심히 대한민국에 조금이라도 도움이 될 수 있는 일이라면 게을리하지 않고 해야겠다라고 국민이라면 누구든지 대한민국 국민의 긍지를 갖고 있겠지만 특히 강한 분들은 우리 부인회 분들이예요. 정말 강합니다. 그런 강한 긍지를 갖고 있기 때문에 뭔가 조금이라도 도움이 될 수 있는 일이 없을까 궁리하는 게 우리 부인회 일이고, 보람입니다. 저 말만 지금 계속했는데 묻고 싶은 것은?…

부인회의 재정문제

Q : 아까 부인회가 어렵다고 말씀하셨는데 가장 어려운 것은 어떤 것이었는지요?

A : 아 부인회 경영. 뭐든지 하다가 보면 경제적인 면이잖아요. 우리가 일을 할려고 하면 다 돈이 들잖아요. 돈이 드는데 경제적으로 한국에서 보조금은 오지만, 중앙을 통해서 옵니다. 중앙에서 받으면 중앙에서 각 현으로 현은 소속부인회로 이렇게 일 처리를 하는데 우리 동경 부인회까지 오기에는 너무나 부족… 조금은 나와요. 그것 가지고는 운영이 안되요… 우리 자체 내에서 해결할려고 노력하고 있는 거죠.

Q : 회비는 어느 정도씩 내요?

A : 우리 부인회 회비는요. 각 지부의 부인회 회비는 기본이 500엔입니다. 한 사람에 부담이 많으면 (민단비도 내고 부인회회비) 들어오지 않으니까, 제가 작년에 회장 되자, (어머니의 힘)이란 부인회 안내책자를 발간했습니다. 여태까지 부인회 안내책자가 하나도 없었습니다. 제일 먼저 필요성을 느꼈음으로 안내책자를 냈습니다. 책자에 보면 부인회 규약으로 회비가 기본이 500엔이예요. 그래서

각 지부에서 그 500엔은 하나의 의
무처럼 그냥 정해놓은 것이지요, 그
것으로 큰 도움이 되고 그런 건 없
어요.

하귀명 회장이 개최한 전시회

Q : 재정을 위해 따로 뭐 이렇게 하시
는 것이 있습니까?

A : 그러니까 우리 본부에는 21지부에서 올라오는 할당금이란 게 있
습니다. 분배를 해서 각 지부 대의원수에 따라 선거권을 가지고
참가할 수 있는 그 표에 의해서 돈이 분담됩니다. 각 지부에서 분
담된 것으로 우리 본부는 운영이 되지요. 큰 행사가 있을 때는 상
부기관에 청구하고, 이런 식으로 해서 잘 회전되며, 그리고 우리
부인회의 고문님들의 사랑으로 운영의 보탬이 되지요. 그 가운데
에서 돈 있는 분들한테 가서 기부도 받기도 하고 큰 일이 있을 때
마다, 도움을 주시는 분도 많아요. 그래서 우리 자체 내에서 어떤
일을 할 수 있는… 돈을 번다면 좀 이상하지만, 저축할 수 있는 무
엇인가를 해야 되겠다는 것을 저는 항상 인식을 하고 느끼면서,
처음부터 그렇게 할 것이라고 생각을 하고 있죠.
언제까지나 손만 벌릴 수가 없잖아요, 우리도 남에게 도움을 줄
수 있어야죠. 꼭 그렇게 할 겁니다

Q : 사무능력이 뛰어나셔서 잘 하실 것 같습니다.

A : 그래서 돈이 풍부하게 돌아가면, 정말 이런 일[5]을 하는 데도 도와
야 되거든요. 일부 떼어 가지고, 조금이라도 도우면, 도움이 될 수

---

[5] 인터뷰를 담당한 재일코리안연구소의 학술 사업을 돕고 싶다는 뜻.

있잖아요. 저는 그렇게 생각하거든요.

저는 항상 돈을 좀 많이 저축해서 어떤 뭐가 있다면 기부도 하고 싶고, 그런데 어떻게 하면 그렇게 할 수 있을까, 하고 항상 생각해요. 그래서 제가 바라는 목표 중 하나에 들어가 있어요. 어떻게 하면 돈을 좀 저축해서 이런 일을 할 수 있을까 하고 생각해요

부인회의 지부 활동

Q : 시부야에서 계속 활동을 하시고 또 사시는 곳도 시부야인데요. 시부야지부가 다른 지부보다 더 잘합니까? 아니면 다른 지부들도 아주 활발한 곳이 있습니까?

A : 활발한 지부가 있죠. 아라카와(荒川), 아다치(足立)는 그 정원 수만 해도 아주 많습니다. 몇천 명 되잖아요. 시부야지부는 상점가예요. 사람들이 사는 시부야가 아니고 장사하는 비즈니스의 거리입니다. 그러니까 사는 사람들이 별로 없기 때문에. 옛날에는 거기 살면서 자기 집을 가지고 장사를 하는 사람이 많았어요. 이분들이 나이 들고 돌아가시고 하니까 회원 수가 줄어들었어요. 저만 할 때도 많았었는데 제가 거기 그만 둔 지 10년 이상 되거든요. 회원이 많이 줄어들었어요. 시부야 회원 수가 지금 완전히 줄어들어서 난리 났다니까요.

다른 데 많은 지부는 오타구(大田區)라던가 이런 지부도 꽤 많아요. 그런데 회원이 많지만 나이가 많아서 못 나오시고, 항상 우리들이 찾아뵈어야 하는 그런 입장의 분들이죠. 거의 다 지금은 부인회는. 그래서 아라카와, 아다치가 제일 많습니다. 한국 분들이 오타(大田)도 꽤 많고, 그 다음에 에도가와(江戸川), 고토(江東) 그런 쪽으로도 부인회는 많이 있는 편인데요. 나이가 많이 드셔가지고 그게 좀 문제죠. 앞으로 부인회가 문제입니다.

부인회뿐만 아니라, 고령화문제로 심각합니다.

민단과 한인회의 관계

Q : 회장님이 굉장히 일찍 민단에 들어가셨는데 민단과 한인회[6]의 관
계에 대해 생각하신 것이 있습니까?

A : 예, 제가 들어간 게 한국 사람들은 한국 사람들끼리 뭉쳐야지 된
다고 생각했기 때문이예요. 그래서 제가 어디서 뭔가가 있다고 초
청이 오면 절대로 안 빠집니다. 다 갑니다. 한인회도 물론이고. 왜
냐면 그 속에는 부인들이 다 계시잖아요. 부인들이 부인회를 찾아
오지 않아요. 안 들어와요. 젊은 분들이 회에 소속이 되어 움직인
다면 활발하게 움직일 수 있는데.

지금 한국에서 오신 분들이 구성되어 현재 한인회를 만들어져 있
습니다. 사실 한인회는 명칭만 있을 따름이지요, 사무실에 전화를
걸면 연락상황이 안될 정도입니다. 많은 실적도 없을 뿐 아니라.
매일 찌거럭, 뻐거럭 싸우고 있잖아요. 서로 화합이 안되니깐. 그
런데 전에 권철현 대사님이 계실 때 한인회 하고 민단을 어떻게든
하나로, 뭉치라고 해서 굉장히 애를 많이 썼었는데 민단하고 한인
회하고 뭉친다는 것 자체가 좀 어려운 것 같아요. 그분들이 민단
으로 다 들어오시면 아무런 문제없어요. 한인회를 만들어서 움직
여도 됩니다. 저는 그리 생각하거든요. 한인회는 한인회 나름대로
뭉쳐서 얼마든지 활발하게 운동을 하라는 거죠. 귀금속도 마찬가
지입니다.

재일한국인 단체는 각자 자기 나름대로 움직이라는 거예요. 움직

---

6) 2001년 '뉴커머'(1960년대 한일수교 이후 일본에 건너간 사람들을 지칭하는 말이
며 1980년대 이후에 일본에 가서 정착한 사람이 다수이다)를 중심으로 결성된 재
일본한국인연합회를 말함.

이되 모두가 민단 소속의 한 단원자격으로서 전문분야별로 연구 토론 하면서 의견 교환을 하고 그중에서 단장도 나오고, 부인회 회장도 나오고 하는 것을 저는 부르짖거든요. 저는 어떤 부인회 연설에 가면 모두 그렇게 부르짖습니다. 왜냐면 각 단체는 그 나름대로의 사명이 있으니까 움직여 주고 그분들이 전부 민단 속에 소속이 된다면 민단은 소의 말하자면 작은 대한민국입니다. 우리는 어깨에 대한민국을 걸고 국민들의 권익을 위해서 힘쓰는 곳이 민단이예요. 그런데 한인회라고 일본 정부에 내밀면 통합니까? 일본정부에 안 통합니다. 그렇다면 우리가 하나로 힘을 뭉쳐야하지 않겠습니까? 뭉치기 위해서는 민단으로 다 들어오셔야 됩니다. 들어오셔서 각자 나름대로의 역할하시면 되요.

Q : 각자 자기 역할이 있겠지요.

A : 물론이지요. 정부도 마찬가지잖아요, 정부 속에는(새누리당 외 20여 개)의 정당이 있듯이 단체도 있어야 활성화가 되요. 서로 좋은 아이디어를 주고 받으며 움직일 수 있도록 만들어 주면 돼요. 이걸 저는 바랍니다. 근데 이게 안돼요.

예를 들어서 한인회도 한인 회장님이 계시고 부회장 계시고 그 한인회소식지도 다 있습니다. 있지만 민단 위에 서려고 하면 안돼요. 민단에 다 들어오셔서 회장도 되고 또 그러다 자기 나름대로 단장도 되고 이렇게 되어야 된다는 거죠. 그래야 이 민단이 활성화도 되고 젊은 사람들이 다 들어오고 좋은 아이디어가 나올 수 있고 창조적이 될 수도 있죠. 나는 나다, 너보다는 내가 잘났다고 생각하니… 그래서 민단에는 안 들어가, 이것은 안 된다는 거죠. 좀 겸손하게 낮아지면 안 될까?

Q : 회장님은 젊은 사람들을 많이 끌어들이려고 많이 노력하시고, 민단이 요즘은 그런 노력들을 하지만 전에는 다소 그런 노력이 적어서 그동안 흡입력이 부족했다는 이야기도 있는데요. 민단 아래에 귀금속협회 같은 전문적인 단체나 한인회 분들이 민단에 들어가서 요직에 들어가는 것이 좋다고 생각하시나요?

A : 맞아요. 바로 그래야 세대교체도 되고 젊은 사람들도 들어오고 이게 안 되니까, 고민이에요. 그저 나만 그렇게 생각하나? 왜 이럴까 항상 그 생각했었어요. 회장이 되고 보니 그 이유를 알겠습니다. 한인회분들은 지부부터 차례를 거처 올라와야 민단조직을 알고 이해를 할 수 있는데 우선지부를 경유하지 않고 바로 어떤 결과를 얻으려고 하니 그건 아니지요.

지금 다른 단체는 지부에서 단장, 부단장, 감찰위원장으로 많이 활약하고 계세요.

Q : 지금까지 말씀하신 것은 민단의 활성화 방안이 포함된 거죠?

A : 네, 그것은 절대로 그렇게 되어야만 합니다. 일본 정부와 통하는 민단은 작은 대한민국이잖아요, 무시 못해요. 민단이 한번 일어서면 살살 눈치 보는 게 일본이라고요. 그러니까 국력을 키우기 위해서는 모든 단체가 다 민단에 들어오시고, 각 단체는 만들어서 활동하시면서. 모두 민단 회원으로 들어오셔야만 되요. 그래서 그 안에서 활동을 해야 되요. 활동하면서 단장도 하면 되고. 한인회 회원으로서 민단 단장이 되면 되요. 이런 것을 왜 안할까? 민단을 모르고서야 단장은 되면 안된다고 생각해요. 작은 대한민국이니까.

Q : 작년에 한인회 회장 취임식 때 오공태(吳公太)[7] 단장님도 오셨지요?

A : 예. 오공태 단장님도 그러하시고 그 전 단장님도 그랬었어요. 그
런 곳에는 모두 참석합니다. 왜냐면 모두가 하나 되기를 원하니
까. 그리고 제일 큰 집이잖아요. 그렇게 되기를 바라지만… 저도
부인회대표로 어디든 다 갑니다. 가서 거기 한국 엄마, 젊은 분들
많이 계세요. 그럼 제가 한참 동안 민단과 부인회에 대하여 설명
합니다. 그래서 제가 설명만으로는 부족하여 어머니의 힘(母の力)
이란 부인회 안내책자를 발간하여 만들었습니다. 몇 번 설명하는
것도 힘들어서… 일본에서 정주권으로 사시는 우리 동포님들 민
단이란 곳을 너무 몰라 책자를 보이고 민단과 우리 대한민국부인
회가 있다, 그러니까 좀 들어오시라는 선전도 하고 어떤 곳이라는
것을 설명하며 책을 드립니다. 너무나 모르는 분이 많아 회장되고
첫 사업이 책 만드는 일이었습니다. 그러니까 남이 보면 튀어나게
보이지만 사실은 튀어나는 게 아니고 꼭 필요했습니다.

민단의 역할과 과제

Q : 가장 적극적으로 활동하신다고 봐 주시면 되는데요.

A : 예 그렇죠. 왜냐면 안타까우니까. 대한민국 역사가 이렇게 있고,
우리는 100년, 지금 한 세기가 되잖아요. 우리는 한 사람 한 사람
이지만 이건 대한민국이라는 브랜드잖아요. 우리는 하나의 브랜
드의 요소예요. 이 브랜드를 살리기 위해서는 민단에 들어가서 활
동하면서 대한민국을 살려야지요. 대한민국 국력이 강해짐으로써
우리가 강해지는 건데 그 단체만 위해서는 아니거든요. 각 단체는
열심히 하고 거기 들어가서 활발하게 하라 이거지요. 뭔가 해결이
안 되는 일 있으면 이야기도 나누고 대화를 통해 어떻게 안 되겠

---

7) 현 민단 단장. 본부 단장이 되기 전 나가노현(長野縣)에서 오랫동안 민단 사무장
을 역임했다.

습니까?라고 청하기도 하고 조언도 주시고 하면 활성화가 될 텐데 왜 안 될까? 제가 회장되기 전부터 계속 생각하는 일이예요.

Q : 민단이 어떻게 더 노력해야 할까요?

A : 사실은 우리 한국에 계시는 분들도 민단에 대한 인식이 희박합니다. 민단이 무엇을 하는 곳인지, 제일 쉽게 작은 대한민국이 일본에 하나 더 있다고 생각하면 맞아요. 그렇다면 모든 단체가 하나로 뭉치는 일이지요. 다른 나라에 존재하는 한인회와 일본에 있는 한인단체의 민단은 차원이 틀려요. 일본에서 민단이 없으면 모두가 서로 잘났다고 뿔뿔이 흩어져 버려요. 그래도 민단이 있으니 작은 대한민국 역할을 하는 거예요. 그래서 민단 오공태 단장님께서 민단재생, 차세대육성, 한일우호촉진, 이 3가지 슬로건을 걸고 열심히 노력하고 계시고 부인회도 이3가지 슬로건에 맞춰 조금이라도 성취되게끔 (어머니의 힘)으로 열심히 (와)를 넓히고 있습니다.

Q : 백 년 동안 재일동포사회가 이끌어져 온 것이 우리의 역사이고, 또 일본의 역사라고 생각하십니까?

A : 네, 그래요. 일본과 우리는 뗄레야 뗄 수 없는, 그러니까 뗄려고 해도 떨어질 수 없는 공존공생입니다. 같이 살아가는, 공존 속에서 진짜 서로 협력하고 이해할 수 있는 부분은 이해할려고 하는 식으로 가야지, 저는 항상 그렇게 생각해요. 국정은 별도로 두고. 지역사회에서 서로 깊게 이해할려고 노력하고 개개인이 서로 친하게 지낼 수 있도록…

그래서 제가 한일친선교류 같은 곳은 꼭 참석을 하거든요. 참석하면 우리주위에 국회의원을 그만 둔 분들이 많고 정계잖아요. 대화로서 활성화가 되어가고 있습니다, 지금. 한일친선협회에 가서 제가 인사말을 해 달라 하면 그 말을 합니다. 저는 함께 살아가야 하는 시대다, 국정은 뒤로 떼어놓고 우리 지역사회에서 공동생활, 함께 걸어갈 수 있도록 노력하자고 하면, 자기들도 그렇게 생각한대요. 그래서 떼려고 해도 뗄 수 없는 게 진짜 일본하고 우리의 관계예요.

한국과 일본을 오가며 활동하다

Q : 회장님 되시고 나서 한국은 자주 나오십니까?

A : 가끔 가는 편입니다. 대통령 취임식에 갔다 왔고, 또 한 두세 번 갔다 왔나봐요. 공동연수도 갔다왔고 여수 엑스포가 있을 때 우리 재일동포가 들어오지 않으면 안 된다고 그러니까 일부러 회원들을 모아서 우리 부인회에서 약 200명 갔다 왔지요. 엑스포를 성공시키지 않으면 안된다는 사명감에, 엑스포에 보탬이 된다면 하고 여수 엑스포에 두 번을 갔었네요. 가는 것만으로도 보탬이다, 해서 민단 간부 모두가 한 번 갔다 왔었고 두 번째는 부인회 회원들만 모아서 갔다 왔고 그래요. 그래서 서너 번 갔다 왔네요. 취임식까지.

Q : 이제 앞으로는 자주 왔다갔다 하시겠네요.

A : 예, 또 올해 6월 달에도 세계한인대회가 있죠. 쉐라톤호텔에서 있습니다. 세계한인회장회 그러니까 세계 각국에서 간부들만 오십니다. 일 년에 공식적으로만 해도 몇 차례 있어요.

Q : 오사카에는 재일코리안들의 젊은이들 모임도 있는데, 민단이 받아들이는 새로운 사람들을 받아들이는 수용태도가 되고 사람들도

포항을 방문한 하귀명 회장의 모습

적극적으로 들어가서 일할 준비가 되어야겠지요?

A : 물론 민단은 준비되어 있죠.(웃음) 부인회도 마찬가지입니다… 민
단에 동경청년회가 활발하게 움직이고 있으니까, 대 환영입니다.
언제든지 OK입니다.

저는 부인분들을 만나면 어느 구에 삽니까 하고 물어봐요. 그러면
예를 들어서 분쿄구(文京區) 산다, 그러면 분쿄구 지부에 회원으
로 들어가십시오. 그렇게 말하면 회장님 계시는데 들어가고 싶다
고 합니다. 일단 지부에 들어가셔서 활동하면서 이리로 오셔야 되
요 하고 말씀을 드립니다. 민단과 재일대한민국부인회 조직에 대
해서는 이해하고 알고 난 뒤에 규약을 조금 알고 여기는 들어오셔

야 돼요, 갑자기 본부에는 안되는데요. 회원으로서의 모든 것을 갖춘 다음 정확하게 들어올 수가 있어요라고 알려 드립니다. 그러니까 아마 그런 게 하기 싫은지도 몰라요. 각 단체의 분들이 그 과정이 불편한지는 몰라도 분단된 대한민국인 만큼 꼭 필요하고 중요해요. 나 하나의 요소가 어떤 일을… 그 지부면 지부 어느 곳에 들어가서 어떤 요소 역할을 할까하는 것이 중요한 거지. 저는 그런 것을 부탁하고, 또 바라고 싶어요.

Q : 혹시 또 마지막으로 해주실 말씀 있으시면 해주세요.

A : 조직에 대한 이야기지요 뭐, 젊은이가 많이 들어오면 좋겠고. 우리 부인회 회원으로서 그리고 어머니로서 한 사람 한 사람 모두가 대한민국의 국민이란 큰 덩어리 속에 나 하나의 존재 가치의 요소가 얼마나 중요한가를 인식하면 좋겠어요.

제가 항상 부르짖는 말로 "고리 하나하나가 이어져 큰 '링(ring)'이 되면 엉키고 설켜 떼려고 해도 떨어지지 않아 서로 마찰하여 열까지 납니다. 우리는 이와 같이 하나로 똘똘 뭉친다면 안되는 일이 없다" 즉 '하면 된다'라는 것이 저의 생활 철학입니다.

대단히 감사합니다.

김치 샌드위치 속에 나타난 한국의 얼

- 이름 : 한진영
- 구술일시 : 2013년 2월 25일
- 구술장소 : 오사카 쓰루하시(鶴橋) 록 빌라(Rock Villa)
- 구술시간 ; 67분
- 구술면담자 : 정희선, 김인덕, 동선희
- 촬영 및 녹음 : 성주현

■ 한진영

1954년 경북에서 출생하였으며 23세 때인 1977년 일본으로 건너왔다. 남편이 세상을 떠난 후 현재의 커피숍 '록 빌라(ロックヴィラ)'를 물려받아 현재까지 운영하고 있다. 평소 1998년 김치 샌드위치를 개발하여 30회 이상 방송과 신문에 소개되어 유명인사가 되었다. 평소 사회복지에 관심이 많아 재일노인복지시설인 '고향의 집'을 매년 11월 방문하여 한국음식을 대접하고 있다.

■ 인터뷰에 관해

한진영 사장은 인터뷰를 요청하였으나 여러 번 거절하였다. 두세 번 설득 끝에 인터뷰를 할 수 있었다. 하루 일과를 끝낸 늦은 저녁시간 한진영 씨가 운영하는 록 빌라에서 인터뷰를 하였다. 커피향이 넘치는 가게에서 인터뷰를 하는 동안 한진영 사장은 눈시울을 짓기도 했다. 잔잔하게 들려주는 일본에서의 삶은 진솔하게 다가왔다. 인터뷰가 끝난 후에는 커피를 선물로 주기도 하였다.

■ **구술 내용**

도일 후 남편과 사별

Q : 그러면 손주는 몇 명이세요?

A : 아직.

Q : 그러면 할머니 아니시네요. 남편은 와서 만나셨어요?

A : 결혼한 지 5년 만에 돌아가셨어요. 여기 와서 중매로 해가지고 만났어요. 그때는 애기 아빠가 가게를 하고 있었기 때문에 저는 아이만 돌보았고, 애기 아빠가 돌아가시고 제가 가게를 했죠. 카운터 안에서 맨날 울고만 살았지.

Q : 애기 아빠는 갑자기 돌아가셨나요?

A : 암으로. 머리가 아프다 해서 병원 가니까 암이라고 3달밖에 못산다고 하더라구요. 사람이라고 하는 게 죽을 고비를 넘겨야만이 인생의 참뜻을 안다는 것이 힘든 일을 겪어보지 않고선 사람이란 몰라요. 내가 너무나 힘들기 때문에 남을 위해서 봉사를 하고 거기서 보람을 느끼고 사는 거지. 모든 사람들이 힘들다고 하지만 태어나서 다들 힘들어요. 어떻게 자기가 느끼느냐가 문제거든요. 힘들다고 생각하면 계속 힘든 거고. 그것이 힘들다고 생각하면 사는게 재미없잖아요.

Q : 23살 때 오실 때 누구랑 같이 오셨어요?

A : 혼자, 혼자 왔어요.

Q : 아는 사람도 없을 텐데.

A : 없었죠.

Q : 어떻게 오사카로 오셨나요.

A : 처음에는 고베 아마가사키(泥崎)에 살다가 2개월 되었을 때 애기 아빠하고 중매로 처음 데이트할 적에 내가 다섯 번째거든요. 애기 아빠가 결혼을…. 내가 그 얘기할 때 이 사람은 내가 어떻게 하더 라도 겉으로 멋있어도 마음은 텅 비어 있더라구요. 그런 느낌을 처음에 느끼고 그때부터 시작해서 결혼하고 5년 만에 아이 3명 낳 고.

Q : 그럼 28살에 돌아가셨네요.

A : 아니 결혼을 30살에 결혼했으니까 35살에 돌아가셨어요.

남편 가게 이어 받다 운영

Q : 그럼 처녀로 일본에서 혼자 사시는 게 힘든 일이잖아요.

A : 원래 내가 일을 좋아했고 시골에서 객지생활을 하고 싶어서 서울 에 갔을 때 식모살이로 들어갔어요. 여자로서 배울 게 많잖아요. 음식 하나라도 눈으로 보고 배우고 싶어서 1년 동안 있다가 한국 으로 갔어요. 도저히 말도 모르고 아는 사람도 없고 이렇게 힘들 게 살 필요가 없다 하고 나갔는데, 시골에 가지도 못하고 엄마한 테 연락하면 꾸중 들을까 싶어서 서울에서 식모살이 또 들어갔어 요. 8개월 정도 있다가 일본에 다시 왔어요.

Q : 혹시 그러면 강릉군에서 자랄 때 형제는 어떻게 되셨어요?

A : 6남매요.

Q : 혹시 장녀라든가

A : 4번째요.

Q : 일본에 들어올 때 누가 알려주거나 그런 계기가 있었나요?

A : 그런 것도 없었어요.

Q : 소개를 받았어요? 아니면 일본을 가고 싶다 해서.

A : 두 번째 들어왔을 때는 먹고 자고 해주는 것만으로 감사하다고 생
　　각했어요. 제가 직접 고베 육간으로 가서 사실 얘기를 다 했어요.
　　그때 제일 위에 있는 사람이 솔직하게 이야기하는 걸 솔직하게 받
　　아주었어요. 일본에 있을 때 열심히 하라고. 열심히 하면 여기서
　　결혼도 할 수 있고. 일본에 있을 동안 그 사람이 계속 도와줬어요.
　　일하는데도 보러 와주고 이렇게 열심히 사는 게 자기가 남이라고
　　생각 못한다는 거예요. 어떻게든 도와주고 싶다 그런 스타일로.

Q : 그럼 남편은 여기서 태어나신 분이세요?

A : 교포 2세입니다.

Q : 교포 2세로서 그 선조가 제주도 분이시군요. 그분은 특별영주권
　　자고 결혼을 하셨고 여기서 합법적으로 사시게 된 거죠. 이 자리
　　에서 커피점을 하셨나요.

A : 이 가게가 34년 될 거예요. 애기 아빠가 장남이에요. 제사 지내고
　　내가 제일 힘들었던 게 애기 아빠가 병원에 검사하러 가 가지고
　　암으로 3개월 남았다고 했을 때 그 충격 받은 거. 그리고 돌아가
　　시고 제주도 산소를 하시고 돌아왔을 때 제주도 형제들이 너는 나
　　가라 해서. 장남이 돌아가시면 동생이 이 가게를 해야 하니까 나

를 완전히 쫓겨내려고 했던 거였지. 그때부터 시작을 한 거예요.

Q : 한진영 씨는 장사를 처음 하는 거였잖아요.

A : 그럼요. 처음으로 하고. 형제간 등 15명의 친척들이 와 가지고 너는 한국에서 왔다. 나가라는 뜻으로 말했지만. 그게 제일 무서웠어요. 나한테는. 형제간으로서 어떻게 그럴 수 있나. 애들이 있는데, 열심히 해라 그런 말 한마디 없이 한국에서 왔다고 완전히 쓰레기 취급한다는 것이. 여기서 내가 이를 악물고 해나가야 한다고 생각했어요.

살기 위해 이를 악물어

Q : 조금이라도 아이들한테 친절하게 해주는 것도 없었나요?

A : 없었어요. 완전히. 한 5년 동안 울고, 죽고 싶고. 한국에 나 갈려고 했는데 애가 셋이니까 나갈 수가 없었어요.

Q : 여기서 일하면 애도 길러야 하고 그래야 하는데 어떻게 했나요?

A : 혼자서 다 했어요.

Q : 여기서 혼자서 사셨어요?

A : 여기서 살았어요. 내가 한국에서 와가지고 손가락질 받기 싫어서 애들 자는데 다 죽이고 저도 죽고 싶었어요. 근데 애기 아빠가 너 같으면 얼마든지 참고 이겨나갈 수 있다, 그래서 일어나서 울고 했어요. 제사 때도 와서 무엇이든지 뒤집어서 보고. 접시 밑에든 보고 어떻게든 내 꽁지를 밟으려고 자식을 보고 살아왔다는 것이 15년, 20년 되니까 이제는 나한테 잘못했다고. 그래서 엄마로서 살아나왔다는 게 주위에서 인정해주고 다른 마음먹고 살면 엄마

한테 죄송하고, 효도도 못하고 지금 갈 사정도 못되고. 애기 아빠 배신하기도 싫고.

Q : 애기 아빠가 살아계실 때 좋은 분이셨나 봐요.

A : 좋은 것보다는 이혼해 나가서 사는 사람들이 저보고 대단하다고, 어떻게 이겨 나갔냐고 그러더라구요. 둘이는 사이가 좋았는데 주위에서 못살게 만들어서 나갔다, 이집에서 참고 나가는 게 대단하다고. 그런 말을 해주어서 감사합니다.

Q : 일을 시작하신지 얼마쯤 지난 후 자리를 잡았나요. 주변에서 누가 도와줬나요?

A : 여기 와서 도와주는 사람은 없었지만 아무튼 이를 악물고 열심히 했어요. 오빠가 애기 아빠 돌아가시고 난 후 이모를 데리고 왔더라구요. 애들이라도 봐달라고. 애들이 말이 안 통하니까 스트레스 쌓이는 거 같더라구요. 그래서 내가 어떻게든 해야 한다 그래서 다 했죠. 그리고 혼자 다 해나왔어요.

Q : 커피하고 어떠한 것들을 하셨나요?

A : 차 중심으로 했다가 김치 샌드위치를 아이디어로 냈는데 이렇게 인기가 많아요. 처음엔 팬들이 다 여자분이세요. 여자가 이렇게 애기들 데리고 열심히 산다는 걸.

한진영 사장이 경영하는 록 빌라 입간판

Q : 이쪽에 동포들이 많이 사는데.

A : 말도 못했지요. 내 할 일만 하고 살면 언젠가는 좋은 결과가 있을 거라고 생각했어요.

Q : 주변 사람들과는 담을 쌓고 살았어요?

A : 아니요. 그대로 다 받아들였어요. 어떤 것을 해도 다. 자신을 낮추고 거짓말을 안 하고 솔직하게 살아온 거예요.

사회복지에 관심

Q : 아까 동포 센터에 봉사를 하시고 기부도 하시는 것 같던데.

A : 기부는 그렇게 할 수가 없고 애들 셋을 공부시키느라 힘들었어요. 중학교 때부터 사립학교에 다 넣었기 때문에. 애기 아빠 돌아가시고 2년쯤 후 제가 느낀 것이 무엇을 해야 한다는 걸 느끼고 이왕할 거 같으면 한국양로원에 봉사하고 싶다, 말도 통하고, 내가 친정에 가는 것처럼. 사카이에 고향의 집이라고 있어요. 전라도 분인데, 전라도에서도 굉장히 유명한 어머니가 3천 명 애를 키운 훌륭한 사람들이에요. 애들한테도 교육을 시켰죠. 눈으로 보고. 그래서 애들이 대학을 졸업하고 양로원 일을 하고 있어요.

Q : 애들을 사립학교 보냈잖아요. 우리나라 말을 전혀 못하는데 그런 거에 대한 갈등은 없었나요?

A : 제가 가게하고 애들 돌보느라 아무런 잡생각할 시간이 없었어요. 외로운 생각도 할 틈도 없었고 시간이 너무 없기 때문에.

Q : 애들이 일본사회에서 일본어도 열심히 하고 잘 성장해서 일본사회에서만 적응하길 바라셨나요?

A : 그렇기 때문에 내가 한국말도 가르쳐야 한다고 생각했었지만 그렇게 가르쳐줄 시간도 없었고, 가게도 너무 바빴고. 애기 아빠 있을 때보다는 배로 바쁘거든요. 종원업들 네 명하고 저하고 다섯 명이 하고 있지만 한국말을 언제라도 커서라도 지들이 뭔가 느껴가지고 배워야지요. 제가 억지로 저렇게 가르쳐줘봤자 언젠가는 아이들이 한국말을 배운다고 생각했어요.

Q : 집은 다른 곳이시지요?
A : 어릴 때부터 산 곳이죠.

Q : 계속 유지하고 계시네요.
A : 그리고 사는 것도 자기 마음을 비우고 열심히 살면 다 통하더라구요. 항상 감사하고 내가 감동이 돼서 눈물을 흘리지. 내가 힘들어가지고 눈물을 흘리지 않아요. 이제는 지난일 다 잊어버리고 지금은 감동을 받고 앞으로 꿈이 양로원. 지금까지 많은 사람 손님들한테, 손님들 덕분에 애들도 공부를 시키고 했기 때문에 그 대가를 뭔가를 해야죠.

김치 샌드위치 개발하여 성공
Q : 김치 샌드위치랑 다른 것들이 여러 가지 있는 거 같아요. 아이디어가 어떻게 떠올랐나요?
A : 제가 밥맛이 없을 때 생각했어요. 내가 한국인으로서 태어났다는 걸 감사히 생각하고 어딜 가든 태극기를 보면 내가 감동을 받고 눈물을 흘려요. 너무나 우리나라를 사랑하고 감사하죠. 한국이라는 곳에서 태어나서 일본까지 와서 유명한 연예인들을 만나고 친하게 지내고, 나훈아 씨도 가게에 왔어요. 옛날 시골에서 살았

던 것이 사는 것 같아요. 근
데 지금은 재미없어요. 사람
들이 너무 자기만 알고 너무
너무 힘들었어요.

Q : 맛을 가지고 감동을 하나요.
맛도 그렇지만 대화나 모양
을 보고 더 감동하나요?

록 빌라의 제일 유명한 김치샌드위치

A : 내 마음으로 느껴서 감동을 받고 20년 동안 봉사하는 거. 한 번
시작했다면 끝을 내야 하고. 내가 어릴 때부터 김치를 먹고 컸는
데, 엄마가 항상 김치를 해주는 게 항상 감사하고. 애기 낳을 때도
병원에서 낳지 않고 산파 집에서 낳았어요. 시골에서 다 봤기 때
문에 시골에서 큰집에 언니가 그렇게 한 것을 다 보고 자랐어요.
그래서 애기를 낳는데 병원에 가지 않고 할머니가 있는 곳에서 가
서 낳았어요.

Q : 아프면 병원에 가셔야잖아요?
A : 병원에 갈 시간도 없고.

Q : 지금 보험 같은 건 다 되죠? 젊었을 때는 안 되셨잖아요.
A : 병이 날 틈도 없었어요. 지금도 그때 35년 전부터 아파트 살았던
사람들이 내가 TV에 나오니까 찾아와주고. 시골에 있을 때 12살
때부터 할아버지 풍1)이 와가지고 한 2년 동안 내가 오줌 똥 다 가
려주고, 우리 엄마도 그랬어요. 시켜서 한 게 아니고 너는 타고났

---

1) 치매.

다 그러더라고요. 스스로 저렇게 오줌 똥 받아낸다는 게.

대통령 선거에 투표

Q : 이번에 대통령 선거는 어떻게 관
계를 하셨어요? 임명장까지를 받
으셨어요?

A : 우리 교포들이 처음이잖아요. 투
표를 한다는 게 그게 얼마나 고맙
고, 내가 있을 적에는 박정희 대통
령 밖에 몰랐잖아요. 그 외에 몰라
요. 그분의 딸이 나오고, 얼굴에 상
처까지 받으면서. 자식으로서 부
모의 얼마만큼. 그 사연이 있었잖
아요.

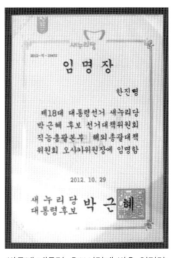

박근혜 대통령 후보시절에 받은 임명장

Q : 다른 활동도 하셨어요?

A : 그 외에도 와루도카푸 했을 때도 영세관에 가서 많이 활동하고.

Q : 전에부터 영세관과 관계를 가지셨군요. 뉴커머들이 모이는데 갔
나요?

A : 나는 안 나가요. 나갈 시간도 없지만. 수요일에는 놀지만 어린애
들 셋 데리고 어디서 뭉쳐서 나가지도 않고, 저녁에도 문 항상 조
심하고. 친구들하고 가끔 밥 먹으러 가도 문 앞까지 돌아오는 것
을 확인하라 하고. 그렇게 살았어요. 뭔가 잘못하면 시집사람들이
뭐라 할까봐 그런 것도 조심하고. 여자 혼자서 이렇게 산다는 게
신경도 많이 썼어요. 특히 그 동네는 말이 많고.

Q : 그 동네는 어때요?

A : 내가 생각할 때는 함부로 말을 해야 하면 안 되지만 인간의 수준
이 낮다고 할까. 장사하면서 돈만 벌려고 하는 그런 스타일이지.
인간적으로 대화를 하고 그런 장소는 아니에요. 사람 칭찬할 줄을
모르고 흉만 보고. 우리 손님들도 애들 데리고 어디 간다, 차 필요
하다 데리고 간다 하지만 남한테 부탁한 적이 없어요. 친척하고
같이 택시를 타고서 병원을 간다 해도 같이 타지 말고 따로 타라
하고. 남자 여자 같이 타면 또 어떻게 생각할지 모르니까. 애들한
테도 도움이 많이 되었어요. 전부 착하게 컸고. 애들이 사춘기도
있지만 그런 것도 없이 애들한테 내가 제일 처음에 힘들었어요.

Q : 큰 아들은 결혼해서 어디 사세요? 며느리 맘에 드세요?

A : 가까운데 살아요. 교포에요. 4년 동안 연애결혼해서 내 아들이 좋
아하니까 좋게 받아들였죠.

Q : 아들이 양로원한다고 하셨지요?

A : 예. 양로원을 가지고 있어요.

자식은 한국 국적으로

Q : 아이들을 일본 국적으로 하고 싶다는 생각은 없었어요?

A : 아니요. 아이들은 한국 국적으로 했어요.

Q : 아이들이 일본 국적으로 하고 싶다면?

A : 그건 절대 안 되지요.

Q : 그런 생각을 하지 않았을까요.

A : 못하죠. 절대 못하죠.

Q : 왜 그럴까요. 왜냐면 조금 불편한 것도 있잖아요.

A : 불편한 것도 있죠. 하지만 그렇다고 해서 피는 어떻게 할 수가 없잖아요. 내가 항상 그렇지만은 손님들한테도 8%가 여자 손님이에요. 겉으로만 모양만 내고 좋게 보이는 게 아니고 항상 마음으로 손님들한테 느끼고 대하니까 이 모양을 어떻게 할 수가 있잖아요. 그렇지만 마음은 바꿀 수 없잖아요.

Q : 가끔 속 썩이는 손님들 있잖아요. 어떤 손님들이세요?

A : 있어요. 많이 있어요. 잘 해주면 잘 해주는 대로 당연하게 생각하고 감사하다고 느끼지 못하는 사람 있잖아요. 어른으로서 화가 나는 것은 '아리가토'가 한국말로 '고맙습니다'인데, 아침에 계란 하나 하고 빵 한 조각이 세트인데, 빵 하나를 주면 또 빵을 하나 더 달라 해요. 그러면 '아리가토'라고 해야 하는데 '아리가토'라고 못하는 사람도 많아요. 주면 주는 대로 당연하다고 생각하는 사람이 많아요.

Q : 아침부터 하잖아요. 아침에도 일찍 일어나셔야 하고.

A : 아침 6시전부터 일어나요. 애들한테도 음식을 꼭 만들어주었어요. 자식은 정을 주고 키워야지만 나중에 배신을 안 해요. 요즘은 자식들 필요 없다, 자식이 부모를 죽이고 부모가 자식을 죽이고 그런 세상이잖아요. 그렇지만은 정을 주고 키운 애들은 절대 배신 안 합니다. 그렇게 생각합니다. 그래서 애들은 정말 정성껏 키웠어요.

Q : 죄송한데 헤어스타일은 상당히 오래 되셨죠? 굉장히 잘 어울리세요.

A : 10년 정도 되었어요. 지금은 내가 아이들한테 나이를 먹어도 건강
하게 있어야 애들이 편안하고 절대 병이 나서는 안 된다 그렇게
생각하고 있지만 그것은 잘 모르겠고. 애들도 그래요. 아빠는 참
행복한 사람이라고. 몇십 년이 돼도 엄마한테 사랑받고. 아빠한테
감사하다고 생각한데요. 아빠 돌아가시고 난 뒤에 하루 세 번 병
원을 다녔어요. 병원 밥을 안 먹었기 때문에 아침 점심 저녁을 갖
다 주면서 그때 제가 3개월 동안 10키로가 빠졌어요. 애들 유치원
보내고 가게 문 열어놓고 병원 왔다 갔다 하고. 돌아가시고 난 뒤
에 애기 아빠가 나는 이렇게 바쁘게 왔다 갔다 했지만, 아빠는 3개
월 동안 병원에서 얼마나 마음 아프게… 그런 것 생각하면 가슴이
아파요.

구술하는 한진영 사장

Q : 말씀을 들으면 돌아가신지 얼마 안 된 것 같아요.

A : 나도 똑 같아요. 세월이 흘러도 이 가게를 남기고 갔다는 게. 내가
만약에 돈이라도 조금 있었다면 그 돈 들고 나갔을지도 몰라요.
주방장도 일본사람이지만 21년 동안 한 번도 늦어본 적이 없어요.
그 사람이 아침에 일 나오다가 차사고 나가지고 여기 20바늘 꿰맸
지만, 차 부딪혀서 사고가 났으면 보통 병원을 가는데 전차 타고
1시간 거리인데 가게로 나왔어요. 피가 흐르는데 아침에 나오다
가 "차에 부딪혔습니다" 하고. 그래가지고 병원에 데려갔는데 20
바늘 꿰맸어요. 그래도 병원에서 나와 가지고 이곳으로 왔어요.

함께 하는 직원 25년간 한결 같아

Q : 그렇게 오래 같이 일하시니까 진짜 큰 인연이네요. 그 가족들도
다 하시고 그러시겠네요.

A : 그러니까 젊은 애도 18년 동안 자기 가게처럼 해주잖아요. 아침
7시 30분에 나와서 오후 7시까지 해야 하니까, 계속 서서 저렇게
손님 하나도 안 보내고 열심히 해요.

Q : 여기 오시면 보통 십몇 년씩 오래 하시네요.

A : 오랫동안 있어요. 애들이 열심히 해주니까 나도 가게를 하고 있는
거지. 내가 혼자서 어떻게 뭘 하고 살아요. 다 사람들 도움 받고
이러면서 사는 거지. 내가 잘난 척 해본 적도 없고, 잘난 것도 없
고 배운 것도 없고. 항상 내 자신을 낮추면서 지내고 있습니다.

Q : 이 사이판으로 커피 끓이는 것은 언제부터 했어요?

A : 가게 시작할 때부터 계속 했어요.

Q : 이 동네에서는 저런 게 없
잖아요?

A : 없어요. 오사카에서도 별
로 없어요. 저게 커피가 맛
있잖아요. 다른 데는 그렇
게 안 해요. 끓여 놓고 하
지만, 여기는 손님이 오면
1, 2인분 끓이니까. 그리
고 항상 친절하게 열심히
일하고, 친절하게 하면은
손님들도 자연스레 와줘요.

Q : 일본 분이 많나요?

A : 일본 분이 많아요.

록 빌라의 내부 모습

Q : 동네 분도 있지만 한국에서 오신 분도 있나요?

A : 한국에서 와주고, 한국 손님이 7~8%되요.

Q : 행사 있으면 대규모로 시키고 그런 것도 있나요?

A : 그러진 않아요. 제가 내 자유로 혼자 봉사하지, 단체로 도저히 시
간 맞춰서 갈 시간도 없고 내 자유로 해요. 큰 행사가 있으면 몇
십 명 데리고 하지요.

Q : 커피는 두 분이 쓰시던 가게 것 지금도 쓰시고 계세요? 이름이 뭐
에요?

A : 야마고도, 그리고 34년 되었지만 똑같이 그대로에요. 장사를 하면

이 집에서 써볼까 하고 그런 것이 있잖아요. 그렇지만 난 꾸준해요. 모든 거 다 그대로에요. 다른 것도 다 그렇지만 빵 같은 것도 그대로에요. 내 자신이 변한 게 없으면 손님들도 변함이 없어요.

가수 나훈아 팬

Q : 저기 많은 사진들이 있는데, 모두 왔었나요. 유명한 사람이 있는데. 나훈아라고 남자가수 있었죠. 그 포스터가 항상 있었어요.

A : 그냥 붙인 거예요. 나훈아 씨는 왔어요. 15년 동안 관계를 했어요. 표도 파느라고 고생했어요. 내가 스스로 좋아서 하는 건데, 인간관계를 더 배울 수 있잖아요. 표를 팔면. 처음 시작했을 때에는 몇십 장, 다음에는 100장, 200장, 300장. 그렇게 관리 했어요.

Q : 나훈아 씨 노래를 좋아하시겠네요.

A : 좋아하죠.

Q : 혹시 어떤 노래 좋아하세요?

A : '영영'이요. '불효자는 웁니다'라는 노래도 좋아하지요. 부모 생각나면 울기도 하지요. 그때는 아버지가 두 가정을 가지고 있었기 때문에 아버지에게 좀 그랬어요. 왜 나를 낳았냐고. 좀 힘들게 만들었어요. 차라리 나를 낳지 않았으면. 그걸 내가 이제는 반대로 엄마한테…

Q : 남편하고 나이 차이가 있었겠네요.

A : 11살 차이였어요. 애기 아빠가 46살에 돌아가셨나. 지금 살아계시면 70살이지. 항상 그대로 있는 것 같아요. 옆에. 손님들도 점 보는 사람들이 있잖아요. 항상 와 있다고 그래요. 지금도 와 계세요.

Q : 수고 많으셨습니다. 이상으로 마치겠습니다.

A : 감사합니다.

삼겹살로 일본을 사로잡은 풍운아

■ 이름 : 구철

■ 구술일자 : 2013년 4월 7일

■ 구술장소 : 도쿄 오쿠보 ㈜돈짱 사무실

■ 구술시간 : 79분

■ 구술면담자 : 정희선, 김인덕, 동선희

■ 촬영 및 녹음 : 성주현

■ 구철

1967년 부산에서 태어났으며 1989년 일본 도쿄로 유학 어학연수를 한 후 일본대학(日本大學) 상학부 경영학과를 졸업하였다. 일본에 온 후 빠칭코, 택배 등 아르바이트로 고생한 바 있고, 가부키쵸(歌舞伎町)에서 선술집을 운영하였다. 한국 상품을 판매하는 무역회사를 설립하였지만 성공하지 못하였으나 2002년 '돈짱(豚ちゃん)'이라는 음식점을 운영하면서 크게 성공, 일본 전국에 11개의 체인점을 운영하고 있다. 현재 재일한국인연합회 이사장, 일본대학 한국인 총동창회장을 맡고 있다.

■ 인터뷰에 관해

구철 사장은 40대로 일본에서 기업경영인으로서 긍정적인 마인드를 가지고 있었고, 일본에서 경험한 일들을 솔직하게 풀어놓았다. 인터뷰에서는 어렵게 살아왔던, 말하고 쉽지 않았던 부분까지도 세세하게 격의 없이 잔잔하게 대화를 할 수 있었다. 인터뷰를 한 돈짱 사무실은 일본에서 치열하게 경쟁하는 모습을 그대로 느낄 수 있었다. 한국 음식 문화를 새로운 한류로서 일본에 널리 알릴 수 있는 패기가 넘쳐 보였다.

■ 구술 내용

일본 이주에 대해

Q : 일본에는 언제 오셨습니까?

A : 1989년 10월 20일에 온 거 같습니다.

Q : 그럼 뭐 유학 오신 건가요?

A : 예. 유학으로 왔죠.

Q : 89년, 그럼 22살?

A : 예. 22살에 왔죠.

Q : 원래 그럼 부산이세요?

A : 예. 부산 토박이입니다.

Q : 부산 어디세요?

A : 부산 고향은 수정동입니다.

Q : 89년에 유학으로?

A : 진학은 일본어 학교로 갔죠.

Q : 어디 일본어 학교로?

A : 여기 동경에 키치죠지(吉祥寺)라는 데가 있는데, 동진일본어학교
라고. 거기 다녔었습니다.

Q : 몇 개월 다니셨어요?

A : 1년 6개월 다녔습니다. 뭐, 어학교는 2년이니깐요.

Q : 그러면 거의 완벽한 일본어를 배우셨네요.
A : 하하. 그런가요.

Q : 그리고 나서 대학으로.
A : 예. 일본대학(日本大學) 상학부 경영학과에 들어갔습니다.

Q : 특별하게 일본 유학을 생각하신 이유가 있으세요?
A : 사실 그때만 해도 한국에서 22살 전에 학교를 다니고 군대를 제대를 하고 이제 아르바이트라든지 뭘 했는데 사실 상당히 좀 힘이 들더라고요. 아르바이트보다도 살아가는데 힘이 들어가지고 군대에서 일본어를 독학을 했었어요. 그래서 일본을 한 번 가보자 해서 그렇게 해서 오게 됐죠.

일본대학 상학부 입학
Q : 상당히 꿈을 가지고 일본에 오신 거네요. 그러면 대학은 꼭 일본대학을 가신 이유가 경영학 하셨다고.
A : 일본대학교가 그때만 해도 시험이 사실 좀 많이 빠른 편이었고 다른 학교 중에서는 학교가 상당히 좋은 학교라고 이제 그때 당시에 소문이 나가지고 한 번 제 실력도 테스트해 볼 겸 한번 도전을 해봤죠.

Q : 그때 오셨을 때 정도면 88년 이후니까 예전하고 분위기가 좋아졌겠네요. 일본 분위기는 좀 어떻습니까?
A : 좋아진 정도가 아니죠. 맨 처음에 89년도 왔을 때에는 방도 못 구

해가지고, 차별이 그때는 외국인들한테 방도 안 주고 차별이 심했
죠.

Q : 그럼 어떻게 방을 구하셨어요?

A : 어떻게 해서 기타신주쿠(北新宿)에서 방을 구하게 됐는데, 지금으
로 말하면 2.25평이네요. 구하게 됐는데, 여담으로 저희 집사람하
고 같이 결혼을 하게 되어가지고 들어가게 됐는데 세 명이 살았어
요. 선배 한 분하고 저하고 집사람하고 한 방에서 그렇게 살았는
데, 주인이 나이가 드신 분이었는데 친구들하고 놀러오면 계약위
반이라고 나가라고. 친구들이 놀러오는 것도 제한이 돼있었고.

Q : 원래는 혼자 산다 하시고 계약하신 건가요?

A : 아니요. 세 명이서 계약은 했어요. 근데 다른 친구들이 놀러 와서
활발하게 놀고, 혹 늦으면 자고가라 그러니까 계약위반이라고 나
가라고 했어요. 아직도 기억이 생생합니다. 그 후에 몇 번 가봤어
요. 마음이 해이해지고 하면 그곳에 가서 마음을 다지고 했습니다.

Q : 그럼 결혼해서 오셨던 거예요?

A : 아니요. 결혼 안하고. 와 가지고 제가 너무 외로워 가지고 아르바
이트 해가지고 돈을 모아가지고 한국에 학비를 보내가지고 같이
공부하자고 아내를 불렀죠.

Q : 대단하시네요. 그럼 그때는 아르바이트를 주로 어떤 것을 시작하
셨어요?

A : 맨 처음에 와가지고는 택배, 택배를 했는데 지금 생각하면 너무
거리가 멀었어요. 하치죠지라 해가지고 너무 먼 곳이었어요. 하루

에 잠도 한 3~4시간 밖에 못자고, 임금도 너무 작고 출퇴근하며 학교 다니고 허리 한 번 못펼 정도로 힘들었어요. 계속 코피 터지고 너무 힘들더라고요. 그래 가지고 두 번째 간 데가 빠칭코입니다. 그리고 노가다(土方) 등도 했습니다.

빠친코에서 아르바이트

Q : 빠칭코는 어디서 했나요?

A : 키치죠지(吉祥寺)의 학교 앞에서 했죠.

Q : 자이니치(在日)들이 빠칭코를 많이 하는데, 많이 보셨겠네요.

A : 그때는 너무 어리니까 사업 같은 건 전혀 생각이 안 되고. 무조건 성실하게 살자. 성실하게 해서 인정받는 게 최고라고 생각을 했습니다. 사업이란 글자를 그 나이엔 전혀 몰랐죠.

Q : 빠칭코에서는 어떤 아르바이트 하셨어요?

A : 그냥 뭐 허드렛일이죠. 박스 나르고.

Q : 빠칭코 좀 하셨어요?

A : 저는 빠칭코 같은 거는 별로 안 좋아해요. 원래 그런 거는 좀 취미가 별로 없습니다. 아직까지는.

Q : 노가다(土方)는 주로 어떤 노가다를 하셨어요?

A : 인력시장이 있어요. 이것도 하고, 저것도 하고 잡일이죠. 뭐 공사장 잡일, 데모도[1]라고 하지요. 몇 개월 정도 했습니다.

---

[1] てもと(手もと・手元・手許) : 공사장에서 많이 사용하는 말로서 기능공을 도와 함께 일을 하는 조공을 일컫는 말이다.

Q : 그렇게 1년 반 정도 생활하셔서 일본대학 상학부의 경영학과 들어가신 거네요.

A : 예. 그리고 1989년 아니 1900년 가부기쵸(歌舞伎町)에 한국인이 경영하는 술집이 많이 있었어요. 거기서 매니저도 하고, 점장도 하고 그랬죠.

Q : 점장도 하셨어요? 그 쉽지 않으셨을 거 같은데.

A : 그때는 하는 수 없이 했죠. 여자분들이 나이가 많으니까 나이도 속이고, 좀 어리니까 직원들이 말을 안 듣잖아요. 그래서 나이도 몇 살 속이고 매니저 일을 하고 했죠.

Q : 보통 그런 얘기 잘 안 하시는데, 매니저 하셨단 얘기하시네요?

A : 아, 뭐 그거야 뭐. 저 살아 온 거니까요. 살아 온 걸 갖다 숨길 필요는 없잖습니까? 그래가지고 그때만 해도 먹고 살려고 아르바이트도 다 하고. 그리 살아왔는데 그걸 숨길 필요가 있습니까? 제 살아온 인생인데.

Q : 그러면 술집에는 한국 여성들도 많았다고 하는데 그분들 얘기들도 좀 해 주시지요. 어떤 분들이 한국에서 주로 오십니까?

A : 그때야 뭐, 그때만 해도 한국에서 일이 없으니까 한국에서 건너와 술집에서 일을 했지요. 가족들 다 도와주고 그랬지요. 일본 사람들한테 웃음 팔아서 한국에 돈 보내고. 거의 다 그렇죠. 일일이 사연이 많고 마음 아픈 사람이 아주 많았죠. 애환이라 하나 그런 게 많았죠.

신주쿠에서 선술집

Q : 그럼 나름대로 참 성실하게 살아서 가족들도 봉양하고 그랬겠네 요.

A : 다 그랬었습니다. 개인적으로 와가지고 자기만 잘 살겠다고 하는 것보다도. 특히 한국 여성들은 그런 게 강하잖아요. 한국에서는 못 살고 하는 분들이 와서 자기 청춘 다 바쳐가면서 한국에 돈 다보 내고, 동생 공부시키고, 부모님 부양하고. 자기 능력 있으면 하다 가 또 어려워지면 죽는 사람들도 있고. 옛날에는 눈물 없이는 살 아갈 수 없는 그런 동네입니다.

Q : 아, 죽는 사람들도 있었어요?

A : 많죠. 옛날에는 정말로 힘들게 살아온 동네죠. 눈에 안 보이는 세 상도 많아요. 그러니까 불법 비자도 있고, 비자를 잘 안주니까 불 법으로도 하고. 나쁜 일들이 얼마나 많이 생기고 그랬겠습니까?

Q : 나이 어리고 그런 친구들을 사장님 좀 도와주시고 그랬겠네요.

A : 저는 그랬어요. 조그마한 이자카야(居酒屋) 선술집, 노래방 비슷 하게 한 가게를 한 적이 있지요. 집사람이 주방에 안에 있고 내가 홀을 보았습니다. 대학교 들어가면서 대학교 졸업할 때까지 몇 년 을 했는데, 많은 사람들이 가게를 찾아와 가지고 이야기를 하곤 했습니다. 슬픔을 같이 나누고 이야기도 들어주고, 말 상대역을 해주고 그런 걸 해왔습니다.

Q : 학생들 아르바이트도 좀 시키셨어요?

A : 아, 그때는 제가 홀을 갖다가 직접 해왔습니다.

Q : 대단하시네요.

A : 너무너무 피곤하면 밖에 계단에 가가지고 잠도 쪽잠도 자고. 손님 없을 때는 우리 집사람하고 잠시 교대로 하고 잠도 자고 그런 식으로 살아왔죠.

Q : 가끔 술 먹으러 와서 얘기하다보면 재밌는 것도 있었겠네요?

A : 재미있는 일도 있고 나쁜 일도 생기고, 시비도 붙고. 특히 이상한 사람들이 와가지고 시비도 붙이고. 여러 가지 보통이었겠습니까? 산전수전을 다 겪었죠.

Q : 그런 얘기까지 나올 줄은 몰랐네요.

A : 그냥 뭐. 저도 어떤 이야기를 해드려야 할지 모르지만. 뭐 그거야 대충 정리 좀 해주시고 나쁘게만 적지 말아주세요.

구술 중인 구철 사장

Q : 예. 그러면 이자카야를 하시면서 학교를 다니시고, 학교는 몇 년
　　이나 다니셨죠? 오래 걸리셨죠?
A : 학교는 1991년도에 들어가서 1997년 6년 만에 졸업을 했습니다.

Q : 사모님도 참 고생하셨겠네요.
A : 예. 우리 집사람 고생 참 많이 했죠. 그래서 지금도 아주 금슬이
　　좋습니다. 그때 고생을 많이 해서 서로를 위하고 아끼고, 지금은
　　아주 안정이 되었으니까요.

Q : 아드님 자녀분은 몇 분이세요?
A : 2명이 있습니다. 아들 둘입니다.

Q : 그러면 나이가 어떻게 되는지요.
A : 첫째는 1995년에 태어났고, 둘째는 1998년에 태어났습니다. 첫째
　　는 일본에서 낳았고 그래서 출생지가 일본이고, 둘째는 제가 대학
　　교 졸업하고 한국에 있을 때 낳았습니다. 그러니까 둘째는 한국이
　　고향입니다.

유학 후 한국에서 스카웃

Q : 그러면 학교 졸업하고 한국의 부산에 가신 거예요?
A : 예. 그때 부산 파라다이스 그룹에서 스카우트 제의가 와가지고 한
　　국에 있었습니다. 1997년도 5월에 갔었지요. 학교를 졸업하고 5월
　　에 완전히 귀국을 했죠.

Q : 그러면 이제 회사 생활 하신 거네요?
A : 파라다이스라는 부산에 있는 회사를 갔는데, 스카우트 내용과 너

무 달랐습니다. 모든 인생을 다 거기 걸고 갔는데, 월급을 너무 적게 주더라고요.

Q : 유학생이신데?
A : 유학 끝나고 갔는데 저한테 월급이 30만 원이었습니다. 그 당시에 제가 일본에서 한 달에 학생 중에서도 돈은 좀 많이 벌었는데, 30만원을 준다고 했습니다.

Q : 월?
A : 처음에는 월 30만 원을 준다고 하고, 그 이후에는 정규직도 아니고 비정규직으로 80만 원을 준다고 했습니다. 그런데 모든 것을 걸고 갔는데 앞날이 너무 막막했습니다. 한국에 가면 다 잘 될줄 알았는데. 뭐 그래가지고 하여튼 그만 두게 됐죠. 도저히 그것으로는 살기 어려웠습니다.

Q : 그러셨겠네요.
A : 예.

Q : 가족이 있는데.
A : 가족이 있고. 제가 일단 장모님도 모시고 살아서 너무 어렵더라고요. 그래서 무역회사를 갖다가 차렸죠.

Q : 무역회사?
A : 예. 무역회사를 설립한 후 일본 잡화를 수입해서 판매했는데, 그것이 아주 히트를 쳤습니다.

Q : 어떤 게 히트를 쳤어요?

A : 옛날에 100엔샵, 지금 다이소가 한국에 있죠. 그것을 제가 처음에 한국으로 다이소보다도 훨씬 빠른 1998년도에 제가 도입을 했습니다. 그게 상당히 히트를 친 것입니다. 그런데 다른 대기업에서 똑같은 방식으로 가게를 하더라고요. 그래서 도저히 무역회사를 경영할 수가 없어서 2000년에 다시 일본으로 건너왔습니다.

다시 일본으로

Q : 2000년에 다시 오실 때는 기분이 다르셨겠네요.

A : 아 그렇죠. 저는 일본에서도 사실은 고생을 많이 했기 때문에 한국에서 뼈를 묻으려고 한국으로 갔습니다. 일본을 다시 온다는 자체가 자존심도 많이 상했습니다. 그래서 죽기 아니면 까무러치기로 일을 했습니다. 한국에 있을 때 너무 힘들어서 진짜 죽고 싶다는 생각도 많이 했습니다. 그래서 일본에 다시 오게 됐죠.

Q : 결국 한국에서는 유학생의 대접을 전혀 못 받으신 거네요?

A : 전혀 못 받았죠. 제가 뭐 크게 잘난 사람이 아니라서 그런지는 몰라도 전혀 대접도 못 받았습니다. 아마 실력 부족도 있었겠죠. 그런 의미에서 적응에 실패를 하고. 정말 열심히 살았는데 한국에서도.

Q : 그러셨을 거 같네요. 일본에는 다시 동경으로 오셨나요.

A : 예. 동경으로 왔죠.

Q : 그럼 예전에 있었던 이 신주쿠(新宿)로 오신 거네요.

A : 그렇죠.

Q : 새 출발을?

A : 예. 다 날리고 새 출발을 하려고 왔죠.

Q : 그러면 그때 가슴에 묻어둔 분들도 계시겠네요. 그때 부산에서 사
　　업하실 때 그런 것들도 기억이 있으시겠네요.

A : 그렇죠. 예. 헌데 그게 뭐 제 운명이라 생각합니다.

Q : 운명이다 그런 건가요?

A : 만약에 거기서 아주 대우가 좋았으면 아직 거기서 열심히 일하고
　　있었겠지요. 그러면 이런 행운이 찾아오지 않았었을 거 같은데요.

Q : 그러면 2000년에 다시 오셔서는 어떻게 시작을 하셨는지요?

A : 한국에 있을 때 무역회사를 했으니까 친구 무역회사에 취직을 했
　　습니다.

Q : 다시 취직을 하셨어요?

A : 예. 취직을 해가지고 친구하고 같이 일을 했죠.

Q : 그럼 무역회사 중에서도 주로 어떤 사업을 했는지요?

A : 한국에서 가져오는 잡화였죠. 그리고 책을 출판하는 일도 하고 있
　　습니다.

Q : 책을 출판하고 한국 물건도 팔고요.

A : 예. 한국 물건을 갖다가 팔고 있습니다.

Q : 그러면 좀 재미 좀 보셨습니까? 어떻게.

A : 난 그냥 월급쟁이 생활을 했습니다. 그러다가 2002년에 돈짱이란 가게를 열게 됐죠.

돈짱이라는 삼겹살집 개업

Q : 예. 돈짱, 이게 그 삼겹살 가게이잖습니까?

A : 그렇죠.

Q : 어떻게 삼겹살 가게를 생각하셨습니까?

A : 저는 친구들을 참 좋아합니다. 친구들이 오면 저희 집에 삼겹살을 구워먹고 했거든요. 그 당시만 해도 삼겹살을 구워서 파는 가게가 일본에 없었습니다. 삼겹살을 구울 때 집에 기름도 많이 튀잖아요. 그러니까 신문지 깔아놓고 친구들과 먹곤 했습니다. 그런데 가고 나면 청소하기도 힘들고 그래서 생각을 했죠. '아 이게 딴 집도 우리하고 똑같이 생각을 할 거다'라고. 삼겹살은 한국에서 정말 일반적인 거고, 집집마다 삼겹살을 갖다가 구워먹을 건데 '이 가게 한번 차려보면 어떨까' 하는 그렇게 생각을 했죠. 일본에는 그런 집이 없으니까. 그때 가정요리 집에서 삼겹살을 갖다가 한두 군데 파는 데는 있었지만, 1인분에 2000엔 했어요. 그런데 너무 비싼 겁니다. 그래서 제가 전문점을 갖다 한번 차려봐야 되겠다고 결심했습니다. 그래서 전문점을 차렸죠. 헌데 개업한 장소가 아주 안 좋았죠.

Q : 처음에 개업한 곳은 어디인지요??

A : 음, 가부키쵸 안에 있는 러브호텔 있는 곳인데, 러브호텔 들어가는 출입구에 거기다가 차렸는데 사람도 잘 안 다녀요. 그런데 이제 아까 얘기했던 초반에 옛날에 이자카야에서 일할 때 알던 누나

라든지, 다시 들어온 땅이라 워낙 성
실하게 좀 그때는 살아서 인식이 참
좋았던가 봐요. 맨 처음에는 그 사
람들이 손님들 데리고 와주고, 옛날
에 학생들 그런 사람들도 와주고 했
습니다. 그렇지만 너무 위치가 안 좋
아서 안 되는 줄 알았습니다. 첫 월급
이라도 나올까 하고 집사람하고 저
하고 진짜 죽기 아님 까무러치기로
했죠. 그렇게 시작했는데 의외로 많
이 도와주더라고요. 개업하자마자 그
사람들이 입소문을 타고 TV 방송국
까지 알려지게 되었습니다. 2002년
월드컵 때 제가 오픈을 했어요. 월드
컵 전인 6월 달에 오픈을 했는데, 그
때만 하더라도 월드컵에서 한국 팀
이 막 승승장구 했잖아요.

(주)돈짱의 등록상표

Q : 그랬죠.

A : 우리 집에 와서 같이 응원하고 한
잔하고 그랬습니다. 그때 제가 한 골

(주)돈짱의 캐릭터

들어가면 맥주를 공짜로 제공하고 그 하니까, 또 우리 집에 와서
응원하면 한국 선수들이 너무 잘했던 것입니다. 그래서 "야, 돈짱
에 가서 응원하니까 이긴다. 재수있는 집이다"라고 하루 저녁에
그런 소문이 났던 것입니다. 그렇게 해가지고 운도 좀 많이 있었
죠. 저는 월드컵 경기를 할 때 손님들이 집에서 TV를 보고 안 오는

줄 알았거든요. 근데 오픈 당시부터 막 완전 불이 붙을 정도로 대박이 나버리고, 오늘까지 발전을 한 것입니다.

Q : 돈짱의 삼겹살 그렇게 맛있습니까?
A : 예. 지금도 맛있다고 저는 자부하고 있습니다. 음식점은 음식이 맛이 없으면 손님이 안 오거든요. 앞으로 또 안 온다고 그러거든요.

Q : 뭐 특별히 다른가요?
A : 첫 번째는 최고의 재료를 쓴다는 것입니다.

Q : 고기는 일본 고기인가요?
A : 예. 일본고기를 쓰고 있습니다. 그것도 생고기를 갖다가 쓰고 있습니다.

Q : 어디 것을 쓰십니까?
A : 일본 국내의 미야자키현, 이바라키현 등 몇 군데 있는데, 그중에서 좋은 쪽을 선정하고 있습니다.

돈짱 체인점 11호점 열어
Q : 돈짱 1호점은 지금도 잘 되고 있습니까?
A : 1호점은 아주 잘 되고 있죠. 지금도 많은 사람들이 가게 앞에 줄을 서고 있죠.

Q : 다른 체인점 어떻습니까?
A : 모든 체인점에서도 손님들이 다 줄 서고 있습니다.

Q : 아 그래요. 전체 매장이 몇 개 정도가 있습니까?

A : 지금 11개 있습니다.

Q : 그럼 주로 도쿄에 있는지요?

A : 예. 야마노테센(山手線)²⁾이라고 순환선이 있는데, 그 근처에 다
있습니다.

Q : 아주 요지에다가 하셨습니다.

A : 요지인데, 저는 인제 전략이 일등 지역은 잘 안갑니다. 그리고 야
마노테센(山手線)에서 약간 외곽이라도 집세라든지 그런 걸 보고
선정합니다. 저는 또 전략이 큰 평수는 안하고 줄을 세우는 크지
않은 가게를 열었습니다.

Q : 아. 그렇군요. 줄 세우는 가게?

A : 일본 사람들 줄들 많이 서 있잖아요. 그렇기 때문에 좀 기다리게
하는, 그렇기 때문에 아주 큰 가게는 성공하지 못합니다. 그리고
게다가 일하는 사람들이 많지 않고, 작고 그래서 저희는 작년에
아주 전부 다 힘들다 할 때 저희는 전혀 그런 거 없이 그대로 했
습니다.

Q : 그러면 죄송한데, 가게 하나당 대충 매출이 좀 되겠네요? 전체 다
합하면 상당하겠습니다.

A : 잘 되어 가는지는 모르겠습니다만, 한국에 잘 되는 곳에 비유하면
가격도 한국하고 좀 비슷하게 설정을 했고 그랬는데 결과는 좋은

---

2) 도쿄(東京) 시나가와(品川)에서 신주쿠(新宿) · 이케부로쿠(池袋)를 거쳐서 다바
다(田端)에 이르는 JR전철 노선.

편입니다.

(주)돈짱의 지점 소개판

Q : 가격도 안 비싸게 하시는 거예요?

A : 예. 서울에는 뭐 얼만지 모르겠지만 1인분에 980엔입니다. 맨 처음
에는 900엔이었는데 좀 더 잘 돼서 올린 게 아니고, 약간 더 손님
들한테 질 좋은 음식을 제공하고 싶어가지고 조금 더 올렸습니다.

Q : 주로 삼겹살을 중심으로 하는데, 다른 한국 음식도 같이 하시는
거죠?

A : 그렇죠.

좋은 재료와 서비스로 승부

Q : 서비스로 김치를 제공하고 있다고 하는데?

A : 예. 고기만 2인분 이상 시키시면 김치부터 야채까지 다 무한리필
입니다.

Q : 그거 괜찮겠네요.

A : 아. 그렇게 한 것이 제가 원조잖아요. 지금은 여기 주위 분들은 전
부 다 똑같이 하고 있습니다. 제가 버릇을 잘못 들여 가지고 삼겹
살을 갖다 다 잘라주어야지, 종업원들이 고생을 많이 하죠. 삼겹살
을 다 잘라 줘야 되고 하나부터 끝까지 다 하니까. 만약에 안 잘
라주면 그 집은 좀 이상한 집으로 인식될 정도입니다. 하여튼 종
업원들이 고생을 많이 하고 있습니다.

Q : 일본은 삼겹살이 우리 같이 대중적인 음식이 아닌 거네요? 약간
좀 특별하게 먹으러 와야 먹는 음식이네요?

A : 그렇죠. 제가 처음 삼겹살을 알렸기 때문에 그렇게 되었습니다. 제
가 여기 일본에 살면서 처음으로 삼겹살 전문집이라고 간판을 걸

어 놓았습니다. 그 이후에 여기저기 삼겹살 전문점이 생겼습니다. 그거는 뭐 제 자랑거리고 자부심이고 그렇죠.

Q : 삼겹살이 히트 상품이 될지는 알았는지요?

A : 저도 몰랐죠. 일본 사람들 돼지고기는 삶아 먹고 돈까스 해먹고 그렇게만 알았고 삼겹살이란 문화를 전혀 몰랐는데, 이렇게 하니까 일본의 큰 방송국에서 개최하는 전국 음식 맛 평가대회에서 이탈리아 요리, 중국 요리, 일본 요리 다 제치고 저희 돈짱이 1등을 했었어요.

일본에서 최고 맛집으로

Q : 아, 맛으로요?

A : 맛으로죠. 420개 세계 메뉴 중 202개 점포의 음식 맛 평가를 토요일마다 하는 방송이거든요. 한국의 VJ특공대 그런 방송인데, 거기서 1

(주)돈짱의 다양한 메뉴판

년 동안 종합했는데 1등을 했었어요. 그러니까 음식으로서는 대통령상 받은 거죠. 그래서 그때부터 붐이 일어나기 시작했거든요.

Q : 그러면 지금은 돈짱만 하시는 건가요? 혹시 다른 거는 또?
A : 예. 지금은 그거를 토대로 해가지고 부동산사업도 하고 있습니다.

Q : 부동산은 그러면 주로 여기 신주쿠(新宿) 일대에 있나요?
A : 예. 신주쿠(新宿) 일대에 있습니다. 아직까지는 초보단계지만 돈짱을 발판으로 부동산사업도 병행해가면서 하고 있습니다.

Q : 그럼 주로 투자이겠네요.
A : 투자입니다. 그렇게 하고 있습니다.

Q : 부동산은 아직 초기 단계이신 거죠?
A : 그렇죠. 몇 년 안 되었으니까요.

Q : 일본에서 돼지고기가 미야자키(宮崎) 산이 제일 좋습니까?
A : 아니요. 일본 돼지고기는 큐슈(九州) 쪽이라든지 그런 쪽도 좋습니다. 다 비교를 해봤는데 맛이 거의 다 좋아요. 우리 한국산도 맛있지만 일본산도 시스템이라든지, 청결상태라든지, 먹이라든지 잘 되어 있기 때문에 한국에서 먹던 사람들도 맛있다고들 하십니다.

Q : 일본 돼지고기가 한국하고 어떻게 맛이 다른가요?
A : 뭐 재료 문제 아니겠습니까? 먹이 문제.

Q : 아, 먹이 문제. 여기는 기르는 방식이 다른가요?

A : 기르는 방식이 조금 다르다고 들었습니다.

Q : 혹시 어떻게 다른지요?

A : 보리를 먹인다든지 여러 가지가 있다고 그렇게 하는데, 뭐 아직까지 저희는 그렇게 브랜드는 못 쓰고. 그렇지만 생삼겹살은 확실하고 맛있는 데를 갖다가 찾아서 제가 직접 선정합니다.

Q : 한국은 싼데 가면 냉동도 있는데.

A : 저희는 생삼겹살만 가지고 하고 있습니다. 무슨 그런 이야기를…

Q : 개인적으로 좀 해주셔도 됩니다.

A : 아니에요. 아니에요. 뭐 그 이이야긴 그만두죠. 개인 얘기라 좀 그 랬네요. 작년에 한국에 기분 나쁜 일이 있어 가지고.

신오쿠보 코리안타운 형성에 노력

Q : 그러면 고기집에서 술이 들어가야 하는데 일본 사람들도 소주 많 이 먹나요?

A : 소주 많이 먹죠. 한국 소주도 드시는데, 일본은 맥주를 갖다가 많 이 먹습니다. "토리아에즈 간빠이(一段乾杯!)"라고 하면서 마십니 다. 맥주가 특히 많이 나가고 한국 소주는 맥주만큼 많이 못나가 는 편입니다.

Q : 아, 그래요?

A : 예. 한국 사람들은 삼겹살하면 소주인데, 일본 사람들은 고기하고 맥주를 같이 많이 먹어요.

煙も臭いも
全て心配はありません。

(주)돈짱의 지점들 모습

Q : 좀 다르네요.

A : 예. 소주도 그런데 이제는 좀 찾기 시작했죠. 막걸리도 이제 붐이
일어나고 있습니다.

Q : 아, 막걸리도 좀 많이 나갑니까?

A : 아휴. 막걸리 많이 나가죠. 막걸리 빠도 있습니다. 그런데 작년에
는 아주 붐이 일어났다가 올해는 좀 시들해졌습니다.

Q : 사장님은 신주쿠(新宿) 쇼쿠안도오리(職安通り) 신오쿠보(新大久
保)까지 올라오는 전 과정을 아시는 거네요?

A : 그렇죠. 제가 맨 처음에 들어왔을 때, 오쿠보타운 형성되기 전에 여기는 컴컴해 가지고 사람들도 잘 안 다녔었어요. 몸 파는 아가씨들이 많이 있었어요. 그래서 여기는 한국 가게들은 다 망한다 해서 마(魔)의 자리라고 했습니다. 동네가 전부 다 망하고 나가는 자리에요. 제가 그때 여기 와서 장사를 하기 시작했습니다. 제 자랑이 아니고. 제 가게에 줄을 세웠어요. 줄을 세우니까 가게가 하나하나, 너도나도 들어섰습니다.

Q : 여기 신오쿠보 쪽으로 가게 내신 거는 언제쯤이세요?
A : 2003년도 12월쯤입니다.

Q : 그러니까 쇼쿠안도오리 쪽이 이렇게 코리아타운이 만들어진 거는.
A : 불과 얼마 되지 않습니다.

Q : 2002년이죠? 쇼쿠안도오리 쪽은?
A : 쇼쿠안도오리는 그때부터 약간 형성이 되려고 몇 군데가 있었고, 거의 코리아타운이라고 말 못할 정도의 그런 상태였죠. 그때만 해도 가게도 몇 개 없었으니까.

Q : 그 쇼쿠안도오리가 이렇게 코리아타운 정도로 된 것은 언제 정도로 보세요?
A : 음. 한 2008, 2009년.

Q : 2008, 2009년 정도에 쇼쿠안도오리가, 그리고 이제 그 이후에 이쪽으로 신오쿠보 쪽으로 많이 들어왔잖아요? 이거는 언제 재작년?

작년? 2010년?

A : 한, 2009년 정도 되어가지고 막 형성이 되기 시작할 때였죠. 한 2009, 2010년

Q : 아직 신오쿠보 쪽은 타운이 약하죠?

A : 콘텐츠가 좀 약하죠. 그래도 아주 많이 형성되었는데 콘텐츠가 좀. 그 다양한 콘텐츠가 있어야 되는데 지금 사실 삼겹살 가게 밖에 없어요.

Q : 엄청 기여하고 계시네요.

A : 그렇게 말씀해주시니 고마운데, 일본 사람들이 뭐 거기가 삼겹살 집밖에 없는가 그렇게 생각하실 것 같아서 상당히 그 부분은 걱정이 많이 됩니다. 그래서 한국에 맛있는 음식이 얼마나 많습니까? 그것을 갖다가 좀 더 알리고 싶은 생각도 있습니다. 그러나 아무래도 좀 더 다양한 한국 문화를 나라에서도 좀 지원해 주어야만 코리안타운이 잘 형성되어 오래 갈 수가 있다고 생각합니다.

Q : 그러면 삼겹살 말고 어떤 것이 여길 들어와야 잘 될까요? 음식으로는?

A : 많이 있지 않을까요.

음식으로 새로운 한류 분 조성

Q : 아이디어를 주시라는 건 아닌데 그냥 살짝 얘기만 하신다면?

A : 많습니다. 한국 음식 온갖 게 다 있잖습니까? 삼겹살 말고도 하나하나가 다 들어오면 성공할 아이템들이 너무 많죠.

Q : 사장님께서 아들이 공부를 하고 온다면, 이 아이템 하나는 꼭 주고 싶은 것이 있다면?

A : 닭도 있고, 여러 가지 먹을 것 얼마나 많습니까? 그리고 먹을 것만이 아니고 한국에 음식문화가 아주 발달이 되어있다고 생각을 하거든요. 음식문화는 밑반찬부터 해서 그런 걸 활용해서 아이이어로 잘 만들면 성공할 수가 있죠.

Q : 원래 부산 분들이 이렇게 일본문화를 많이 접해서 일찍이 이렇게 눈이 빨리 띄신 건가요? 사장님 같은 경우는 어떤?

A : 제가 올 때만 하더라도 밖에서 한국 사람들 만나면 반가웠지만 부산 사람들은 별로 없었어요. 또 부산이란 그런 근거도 있겠죠? 일본문화를 매일 책자로 보고, 많이 접하기도 하고 그런 것도 있었던 거 같아요.

Q : 그 아이디어가 확실하게 있으신 거잖아요. 사실 그게 엄청난 노하우인데?

A : 아니에요. 할 게 너무 많아요. 전라도의 좋은 음식이 얼마나 많습니까? 그러니까 말로 설명하기 어려울 정도로 많단 얘기죠.

Q : 한국에서는 어려우니까 젊은이들이 이쪽에 오면 좀 추천해 줄만한 것들은 있으세요?

A : 한정식이라든지 아이템 너무너무 많아요. 그렇기 때문에 한국에 가면 정말로 뭐든 그런 걸 갖다가 갖고 들어와 가지고 한번 도전해볼만하지 않느냐 그런 생각도 하고 있어요.

Q : 큰 아들은 지금 유학중에 있는지요?

A : 아니요. 일본에 있습니다.
지금.

Q : 유학한다는 얘기는 안 하던
가요?

A : 아 예. 유학을 갔다가 다른
나라로 하고 싶다고. 지금 여
기서 이제 인터내셔널학교 다
니고 있습니다. 초등학교 2학

(주)돈짱의 홍보물

년 때까지 일본인학교에 다녔습니다.

Q : 애들 키우시는데 일본에는 불편하신 적 없으세요?

A : 일본에는 워낙 그거는 잘 되어있거든요. 시스템 같은 거 잘 되어
있고. 그러니까 크게 어려운 것은 없습니다.

Q : 그러니까 다시 오실 때 그 장모님하고 오신 건가요?

A : 아뇨. 장모님은 지금도 한국에 계십니다.

Q : 교육문제 여쭤보려고 합니다. 애들을 그럼 어떻게 하셨는지?

A : 여기 일본에는 보육원, 한국에도 요즘 그렇다던데 보육원이나 유
치원 같은 거거든요. 아빠하고 엄마하고 회사를 나가든가 하면 다
맡아주거든요. 그래서 아이들을 계속 보내었지요.

Q : 혹시 자녀분은 지금 하시는 돈짱 같은 거를 계속 한다면 어떻게
하실 건가요?

A : 둘은 아직까지 그런 거에 취미가 없다네요.

Q : 운동도 좋아하구요?

A : 예. 운동도 좋아하고 그렇습니다.

평소에도 한국말로 대화

Q : 한국말이 조금 불편하지 않습니까?

A : 전혀 안 그렇습니다. 어릴 적부터 집에서 한국말 안 쓰면 많이 혼냈어요. 어차피 일본에 와 있으니까 학교에 가도 TV를 봐도 일본 말을 하니까 집에서는 한국말 안 쓰면 아주 혼냈는데 지금은 부산 말을 저희들보다 더 잘합니다. 사투리를 아주 잘 씁니다. "아빠 밥 무라" 하면서 말입니다.

Q : 부산 말하고 일본 말하고, 이제 인터내셔널학교를 다니면서 영어까지.

A : 일단 제2외국어이기도 하고.

Q : 재일동포가 지금은 국제화가 될 필요가 있는 거죠?

A : 그렇죠. 시야를 넓혀야 합니다.

Q : 그래서 아이들을 일부러 국제학교로 보내는 것이기도 하지요. 이제 그 쇼쿠안도오리하고 신주쿠 신오쿠보 쪽에 좀 더 타운이 좀 커지기를 희망하고 그렇게 만들기를 노력하고 계신 거잖아요. 비전이라고 할까요? 그런 거 혹시 있는지요?

A : 비전은 아까도 같이 이야기 했지만 사실은 여기 있는 사람들이 왜 힘든가 하면 일본과 한국 간에 갈등이 너무 많기 때문입니다. 미국하고 한국하곤 안 그렇잖아요? 헌데 일본하고 한국 관계는 정말 그 갈등 때문에 작년에 특히 안 좋았는데 이명박 대통령이 독도를

방문했었잖아요. 그때부터 일본 사람들이 여기 코리아타운에 나타나질 않았어요. 그런 부분이 너무 취약했습니다. 한국하고 약간만 마찰이 있으면 여기가 아주 안 좋아지고, 그렇기 때문에 저희는 신생이지 않습니까? 새로 생긴 게, 차이나타운 같은 데는 100년의 역사가 있기 때문에 크게 영향을 받지 않습니다. 그렇기 때문에 한국에서도 좀 우리 문화를 알리기 위해서는 우리한테 적극적으로 관심을 가져주시고, 될 수 있으면 좀 자극적인 것을 안 하기를 저희는 좀 바라죠. 근데 이제는 하는 수 없는 부분도 있겠지만 정치하시는 분들은 아무래도 돈 얘기 하고는 별개 아닙니까? 그죠. 그러니까 될 수 있으면 저희 교민들도 생각을 해주셨으면 하는 바람입니다.

Q : 혹시 사업을 많이 하시니까 주변에 좀 뭐 이렇게 도움도 청하고 그런 건 없습니까?

A : 많죠.

Q : 정기적으로 학생들에게 장학금도 좀 주시는 것 같습니다.

A : 예.

Q : 다들 많이 하시더라고요. 이 부근에 계신 분들 다 하는 편인지요?

A : 예. 다 여기 정말 좋으신 분들 상당히 많습니다. 또 외국에 유학하신 분들, 고생하신 분들도 많고 하고 있습니다. 뭐 아직까지 여기에서 성공하지 못한 그런 사람들도 많지만 아무래도 저희들[3]하고 재일교포[4] 분들하고 틀린 것은 우리는 마음이 고향에 거의 다 가

---

[3] 뉴커머를 의미함.
[4] 올드커머를 일컬음.

있잖아요. 고향에서 살아왔는데 안 그렇습니까? 재일교포 분들한 테는 죄송한 말지만 마음은 뭐 너무 어릴 때 여기서 태어나고 하시니까 저희들 마음하고 틀리거든요. 안 그렇겠습니까? 저희들은 아직도 한국도 아주 그리워하고 또 그게 더 많이 강하겠죠. 또 울컥 하면은 한국에 다시 갈려는 사람들 아주 많지 않아요.

Q : 사장님도 그런 생각도 있으신 거예요?
A : 저는 한국을 왔다 갔다 하면서, 사업체는 일본에 있습니다. 좀 되면 한국하고 병행하면서 왔다 갔다 하지 않겠나 하는 생각도 있습니다.

Q : 여기 땅도 사서 건물을 신축할 계획이라고 아까 말씀하셨는데, 혹시 문화타운 같은 것도 생각을 하셨나요?
A : 예. 그러니까 문화타운 쪽으로 어떤 콘텐츠를 해야 하는지 연구 중입니다. 그래서 어떤 식으로 한국 코리아타운에 걸 맞는 상징적 그런 건물을 갖다가 올리려고 생각 중입니다.

Q : 여기가 새로운 타운인데 옛날부터 재일동포들이 많이 사는 코리아타운이 있었잖아요. 지금도 있고. 예를 들면 오사카나 요코하마 부근이나, 또 후쿠오카도 있고 하는데 혹시 그런 곳을 보시고 나름대로의 여기 코리아타운은 좀 이렇게 갔으면 좋겠다 그런 생각을 좀 가지고 계시죠?
A : 그렇죠. 오사카는 교포분들이 옛날부터 있던 타운이고, 한류하면서 병행해가면서 이렇게 되고 있는 데는 여기밖에 없거든요. 그리고 요코하마도 아직까지는 부족하고 가와사키도 있지만 여기가 사실은 상징이라고 볼 수 있죠. 그리고 여기 일본 사람들이 오늘

도 나가보시면 알겠지만 다 지나가지 않습니까? 그러니까 한국을 최고로 알릴 수 있는 데라고 생각합니다. 그러니까 여기 정말로 잘 보존하고 잘 키워나가지 않으면 다음에 정말 한국 뭐 결국에 먹칠을 하지 않느냐 그런 생각입니다.

Q : 그 뭐 이렇게 동네에 상징적인, 한국을 상징할 그런 것도 하나의 인제 만드실 생각도 있으시겠네요?

A : 하기는 해야 되는데. 사실은 뭐 그런 거를 갖다가 나라에서 정말로 좀 도와주셔야 하지 않겠는가? 상징적인 그런 걸 나라 차원에서 좀 해주시면 문화회관을 만든다든가 한국을 필요로 할 수 있는 그런 걸 만들어주시면 저희들한테도 힘이 안 실리겠는가?

Q : 지금 코리안타운이 신오쿠보까지 왔는데, 여기서 좀 더 발전하고 있죠?

A : 주춤하죠. 작년 그 열기로 갔어야 됐는데 정치적인 외교 문제도 많고 또 그런 것과 맞물려가지고 경제도 안 좋아졌습니다. 작년에 일본 경기도 너무도 안 좋았고 그렇게 경기가 밑으로 내려가던 도중에 극히 작년에 스톱이 되어버렸죠. 그러니까 이제 사람들이 겁이 나니까 작년에는 한국 사람들이 여기 안에 집세 다 올려놨어요. 한 두 배, 세 배로 집세가 막 뛰어버렸습니다.

Q : 그렇군요. 그 하여튼 장시간 말씀을 해주셔가지고 너무 감사합니다, 혹시 구술을 하는데 꼭 좀 하고 싶다 하시는 말씀이 있으시면 해주시면 감사하겠습니다.

A : 특별한 건 없는데, 그동안 인생을 열심히 살면 복이 온다, 남한테 해코지 안하고 열심히 살고 하면 언젠가는 복이 온다는 그런 신념

으로 그렇게 살아갔으면 좋겠습니다.

Q : 예. 알겠습니다. 일단 여기까지 구술하는 것을 마치겠습니다. 고
맙습니다.

『일본경제신문』에 소개된 구철 사장의 활동 기사

『한국경제신문』에 소개된 구철 사장 인터뷰 기사